Há Vida no Luto

Márcia Amorim

Há Vida no Luto

um manual de sobrevivência

www.egoeditora.com
geral@egoeditora.com

Título – Há Vida no Luto
Autora – Márcia Amorim
Composição gráfica – Ego Editora
Imagens da Capa e do Interior – *freepik*©
Fotografia da autora – A&F Photography©
Revisão de texto – Ego Editora
Edição – Ego Editora
1ª Edição – Maio 2024, Lisboa
2ª Edição (reimpressão) – Junho 2024, Lisboa
ISBN – 978-9893563526
Depósito Legal – 531546/24
Impressão e Acabamento – Ulzama Digital

MÁRCIA AMORIM

HÁ VIDA *no* LUTO

um manual de sobrevivência

www.egoeditora.com
geral@egoeditora.com

Título – Há Vida no Luto
Autora – Márcia Amorim
Composição gráfica – Ego Editora
Imagens da Capa e do Interior – *freepik*©
Fotografia da autora – A&F Photography©
Revisão de texto – Ego Editora
Edição – Ego Editora
1ª Edição – Maio 2024, Lisboa
2ª Edição (reimpressão) – Junho 2024, Lisboa
ISBN – 978-9893563526
Depósito Legal – 531546/24
Impressão e Acabamento – Ulzama Digital

Para o meu irmão Alexandre

(2001 - 2005)

Índice

Estou de Luto. E agora?

"A devastação da perda só poderá ser realmente compreendida se atendermos a que este desaparecimento abala a estrutura onde a pessoa construiu toda a sua vida."

Coelho (2013)

NÃO IMPORTA o que lhe digam, perder é doloroso, por isso, se perdeu alguém, o que está a sentir, é normal. Perder dói e muito. O que aconteceu não pode ser apagado, não há como reparar ou consertar. O que foi perdido, não pode ser devolvido. A realidade do sofrimento do luto é sempre maior do que aquilo que transparece. Não é possível sentir o que só quem perdeu sente.

A Realidade da Perda

Perder quem amamos traz sofrimento e ninguém consegue viver esse sofrimento por si. Na vida rotineira, há muitas tarefas, preocupações e responsabilidades que pode pedir aos outros que façam por si, no luto, não. No luto, nada pode ser vivido por si. Mesmo as pessoas mais ricas e abastadas monetariamente, as que têm muitas pessoas a trabalhar para si, que têm uma rede de amigos e de família extensa e presente, ou que têm tudo aquilo que acreditam ser a base da felicidade, nada nem ninguém poderá viver a dor da sua perda.

É intransmissível.

E, como se não bastasse a verdade universal de que não se pode viver sem sofrimento, acresce o facto de que ninguém nos ensina a lidar com ele. Não importa quantos anos o leitor estudou, quantos cursos tirou, quantos trabalhos teve na sua vida ou a idade que tenha, nada prepara para a dor de perder quem ama.

Senão, diga-me:

- Ao longo da sua vida, o que fez para aprender a viver com a morte das pessoas que ama?
- Como é que se preparou?

- Se a sua morte, e a de quem ama, é certa, o que é que lhe ensinaram sobre isso?
- Onde é que aprendeu a gerir a dor pela perda? Não é uma dor qualquer, é a dor da perda!
- O que tem feito para aprender a lidar com as emoções, pensamentos e comportamentos associados a essa experiência?
- Como é que vai regular a intensidade da sua dor para continuar a ser funcional no seu dia a dia e fazer as inúmeras tarefas que dependem de si?
- Como é que vai distinguir entre aquilo que o ajuda e aquilo que aumenta o seu sofrimento?
- Como é que vai gerir as opiniões alheias sobre a sua dor, muitas delas vindas de pessoas que só querem o seu bem, mas que o magoam, porque não entendem o que está a viver? Como?

Imagino que a resposta a muitas destas questões seja:

– *Não sei...*

– *Não fiz nada para me preparar.*

– *Nunca foi uma preocupação até agora.*

A verdade é que todos sabemos que um dia vamos perder quem amamos. Sabemos que um dia a separação vai acontecer, independentemente das circunstâncias que a determinem, por morte ou não, no entanto, raramente nos preparamos. Pensamos sempre que não vai acontecer no imediato. Que não é necessário pensar nisso porque está tudo bem. Que não há necessidade de sofrer por antecipação.

Porém, caro leitor, quero dizer-lhe que esse momento vai chegar. Se ainda não chegou, o momento de sofrer pela perda de uma pessoa amada vai chegar. E, quando assim for, seja perante uma morte inesperada ou outro tipo de circunstâncias, tudo mudará. Mesmo que o evento seja de alguma forma esperado, isto é, quando a vida nos dá a oportunidade de nos despedirmos, muitas vezes parece estarmos perante uma surpresa para a qual não estávamos preparados. Por mais que nos preparemos, por mais que pensemos no assunto e na possibilidade do fim, faltam-nos as ferramentas, as estratégias e a coragem para gerir a dor e o luto. Porque, por mais que nos preparemos, sentimo-nos sempre atrasados, que o tempo não chega e que já vamos tarde para fazer tanto do que queríamos ter feito.

Nunca é como tínhamos pensado que seria. A vida que existia, e a vida que esperávamos viver, desaparece, evapora-se. O mundo assumido desmorona-se e parece que mais nada faz sentido. A vida que antes parecia normal, de repente acaba.

Não há mais normal. O tempo para. Nada parece real, mas também não é um sonho, quando muito é um pesadelo, o maior pesadelo. A mente continua a rever os acontecimentos, como se ao examinar todos os detalhes estivesse à espera de encontrar um final diferente. Qualquer coisa que pudesse mudar o rumo daquela história, qualquer coisa que pudesse alterar aquela desgraça.

E lá fora, as vidas parecem continuar à volta de rotinas que soam cruéis e supérfluas. E dizem frases clichés, banalidades, fazem tentativas para nos alegrar e animar, quando não queremos ser animados.

Não há nada que o anime. São tentativas que não acrescentam nada e, na verdade, na maioria, até são conselhos que o fazem perceber que não entendem o seu sofrimento. Não é como quando corta um dedo a descascar vegetais. Não é uma insegurança ou uma crise de meia idade, embora seja com boa intenção que o tentam animar, e é com sofrimento que ouve frases como:

– *Tudo acontece por um motivo.*

– *Temos de seguir com a vida em frente.*

– *A pessoa que perdemos não quereria vê-lo assim.*

– *É forte, vai conseguir ultrapassar.*

– O *que custa é o primeiro ano.*

– *Vai sair mais forte desta experiência.*

– *Tem de encontrar o lado positivo até porque foram felizes juntos.*

– *Poderá ter outro filho e arranjar outro marido.*

– *Ainda vai ser muito feliz.*

– *Tem de arranjar uma forma de desviar a dor para uma coisa boa.*

Sabemos que a intenção é a melhor, não é por estarmos de luto que deixamos de ficar empáticos, de reconhecer o esforço que os outros fazem. Aliás, muito provavelmente, aquilo que agora ouve e magoa, também já o disse a outras pessoas que estavam em luto. O problema é que agora é o leitor que está desse lado e tudo dói. As palavras, gestos e intenções que lhe são dirigidas podem causar dano.

A melhor forma de viver a dor do luto pela perda de alguém que amamos é dizer a verdade: a sua dor é tão dolorosa e difícil como imagina que é. Aquilo que está a acontecer consigo é real e a forma como está a viver a sua perda é saudável. O luto é mimalho e precisa de atenção, está na hora de se dedicar a ele.

Tome atenção:

A verdade sobre a dor do luto é que, quando amamos, estamos sempre na iminência da perda. É difícil viver na certeza de que tudo é fugaz, transitório, rápido e ténue.

Precisamos de aprender a viver nessa condição, cuidando de nós mesmos e dos outros. Precisamos de aprender a viver na incerteza do aqui e do agora, em que a vida que conhecemos pode mudar a qualquer instante. Precisamos de falar sobre essa realidade que é a vida, que também é amor, que também é a morte.

A morte não é o contrário da vida.
A morte faz parte da vida.

Convicta de que é aqui que começa um dos maiores problemas da área do luto, escrevo-vos este livro. Escrevo-o a partir do meu coração, por saber que só a partir dele é que posso falar da dor e do sofrimento. Não há outro lugar onde possa ir buscar as palavras que melhor exprimam as emoções e os sentimentos, as dúvidas e as certezas, as dificuldades e as conquistas, assim como as histórias que vos quero contar.

É lá que guardo tudo, juntamente com todas as minhas experiências de luto pessoal e profissional. Por isso, este livro também é sobre mim e todas as minhas dores de luto. Eventualmente, é até mais sobre mim, do que sobre todas as teorias e técnicas que aprendi para intervir no luto. É mais sobre mim e quem por mim passou.

É um livro sobre dores inconsoláveis.

Perguntas sem Resposta

Ao longo dos últimos 15 anos de estudo e trabalho com pessoas na eminência da própria morte e de pessoas enlutadas, fui confrontada com muitas perguntas para as quais não tinha resposta ou não tinha a resposta que as pessoas gostavam de ouvir. A mais frequente dessas perguntas continua a ser: "estou de luto, como é que posso resolver este problema?"

Bem, a verdade é que embora o luto seja considerado por muitos especialistas como a experiência mais *stressante* e dolorosa que o ser humano pode experimentar, ele não é um problema. É muita coisa, mas não é um problema.

Um problema é uma questão para a qual se pode encontrar uma solução, como o exercício matemático 2 + 2 = 4. O luto, pelo contrário, não tem solução, não se resolve cumprindo cálculos, passando fases ou analisando equações. Um problema pressupõe uma dúvida, algo que é difícil de explicar. Já o luto não é difícil de explicar. É uma evidência.

O luto é a experiência de dor e sofrimento que vivemos quando perdemos algo ou alguém que amamos. Então, quando me colocam a pergunta, *"como é que se resolve o problema do luto?"*, a resposta pode não ser exatamente aquela que se estava à espera, principalmente, se aquilo que procurava era a prescrição de um conjunto de tarefas que resultariam numa solução.

– *Como vou viver sem o amor da minha vida?*

– *Como vou viver sem uma parte de mim?*

– *Porque é que tinha de morrer se era tão jovem e tinha a vida toda pela frente?*

– *Porque é que teve de sofrer tanto?*

– *Porque é que decidiu terminar com a sua vida?*

Estas são outro tipo de perguntas que as pessoas enlutadas me costumam fazer e, para as quais, eu não tenho resposta. Se procura soluções ou respostas para essas questões neste livro, ficará desiludido.

Lamento, nada, nem ninguém, conseguirá responder-lhe, mas

dou-lhe uma palavra de coragem e digo-lhe que é nessas perguntas que encontrará as respostas. Talvez não agora, talvez não já. Acontecerá se se permitir a viver o que essa experiência de perda tem para si. Comece pelo início, reconheça que ninguém pode responder ao "como", nem ao "porquê". Nada nem ninguém pode responder porque essa experiência é única e individual. Tudo aquilo que lhe pudesse dizer, ou qualquer outra pessoa, ou até outro livro, serão apenas respostas generalizadas e atalhos.

E o luto não gosta de atalhos. O luto é uma experiência pessoal e singular, um caminho que só o leitor pode percorrer. É na sua vivência que vai encontrar as respostas. Por mais perdas que tenha tido, cada perda será diferente das que viveu no passado.

O luto não tem precedentes, é incomparável e implica percorrer um caminho consigo mesmo. Acredito que, em alguns momentos, se vá sentir sozinho, o que é solitário e tenebroso. É a diferença entre um problema, ler uma receita ou cozinhar. Uma receita vai apresentar-lhe sugestões e recomendações, dir-lhe-á quais são os ingredientes, as quantidades e o modo de preparação, mas não vai substituir a experiência de fazer o cozinhado.

Este livro pode dar-lhe algumas orientações para o ajudar a identificar aquilo que é necessário reconhecer e aceitar para seguir no caminho da sua recuperação e, por oposição, a identificar o sofrimento que não é necessário, porque só vai comprometer o seu equilíbrio e a sua saúde.

O luto não é um problema, nem é uma doença, mas pode transformar-se numa doença, com consequências nefastas para si e para as pessoas que o amam.

É importante olharmos para o luto como ele é, o que reparo, com lamento, que nem sempre é feito. Nem sempre há responsabilidade e conhecimento e a maior parte do apoio que é dado às pessoas enlutadas é praticamente inútil e em vão. A sociedade não gosta de abordar este tema e vê este assunto como uma perda de tempo, um assunto desnecessário e menor, um desvio à felicidade e à vida normal. Parece acreditar que o objetivo do apoio às pessoas enlutadas é tirá-las do sofrimento. Observo, até, que existe uma certa urgência para encontrar formas de sair da dor, uma busca para acabar com o sofrimento, como algo a ser ultrapassado o mais rapidamente possível.

Se, por um lado, se lamenta o luto, por outro, parece que o melhor é acabar com ele rapidamente e, isso sim, é um problema. São opiniões e intervenções como essas que fazem com que as pessoas enlutadas se sintam ainda mais sozinhas e sem apoio. Há quem acredite que o melhor é evitar o assunto da perda, não falar sobre o que aconteceu, fazer de conta que está tudo normal. No entanto, o efeito pode ser precisamente o contrário.

Se não se falar sobre a realidade da perda, poderemos sentir que ninguém se preocupa ou que aquilo que estamos a viver é estranho, anormal, exagerado e esquisito. Não é assim. Não há nada de estranho com o luto, acredite.

O luto é absolutamente normal quando há amor.

É o que nos acontece quando amamos e perdemos esse amor na condição que conhecíamos e estávamos habituados. O luto é como um prolongamento, uma extensão do amor.

O luto é tudo o que manifestamos quando perdemos, é o que vivemos quando perdemos.

É doloroso, o que não quer dizer que deva ser evitado. É penoso, o que não quer dizer que seja um estado de loucura, mesmo que em sofrimento, muitas vezes, pensemos estar a enlouquecer.

O luto tem tanto de loucura como o amor.

O luto é a outra face da moeda do amor. Estão sempre ligados e são inseparáveis.

Independentemente da relação que tinha com a pessoa que perdeu, quer fosse uma relação positiva e bonita, quer fosse uma relação difícil e tensa, se a base de segurança estava assente em amor, existe a possibilidade de hoje estar de luto.

E agora pergunto-lhe: "para não sofrer como sofre, mais valia não ter amado? Preferia não ter conhecido e privado com aquela pessoa, para não estar em dor?" Tenho a certeza que a sua resposta é "não" e que faria tudo novamente, mesmo sabendo que o amor implica perder e sofrer. O amor e o luto andam de mãos dadas, são companheiros silenciosos e disfarçados até que aconteça a perda. O luto é sobre amor. Amor pelo que perdemos, pela vida, por nós mesmos, pelo que fica, pelo que foi e será.

O luto faz parte do amor.

Acredite, por mais difícil que seja, aquilo que está a viver agora, é amor.

E o amor é difícil.

Se não fosse amor, o sofrimento seria menor. Possivelmente, ficaria triste dois ou três dias e depois continuaria a sua vida, sem grande impacto significativo. Aliás, é o que acontece quando fica a saber da morte de alguém conhecido, como do vizinho que só cumprimentava na rua, do colega da escola primária que só via no verão, daquele familiar de quem só tinha notícias no Natal, de alguém que só conhecia das redes sociais, ou de qualquer outra pessoa com quem tinha uma relação social superficial ou ocasional. Embora conhecesse e lamentasse o ocorrido, a relação que tinham não assumia características de segurança e de amor. Logo, a perda não podia desencadear dor e sofrimento, isto é, luto.

Por ser algo tão profundo, para que seja possível viver essa experiência de luto, como amor que é, precisamos de falar dele com naturalidade, sem julgamentos ou manipulações, sem receitas mágicas ou lados positivos, não como uma patologia ou falsas esperanças de que tudo vai ficar bem.

Outro problema, para o qual, obviamente, há solução, é a maioria das pessoas pouco saber sobre cuidar dos enlutados ou como ajudá-los nos seus processos de luto.

- O que é adequado dizer e o que não são palavras de conforto?
- Quais as atitudes, gestos, comportamentos a não ter quando vamos a um velório?
- Que palavras e procedimentos a ter na presença de alguém que acabou de perder um ente especial?
- Quando procurar ou não a pessoa enlutada?
- Como saber se o momento é o certo para falar?
- Como acolher a dor?
- O que dizer:
  - A uma mãe que acabou de perder um filho?
  - A um filho que acabou de perder o pai?
  - A uma irmã que perdeu o irmão?
  - A um neto que acabou de perder a avó?
  - A uma pessoa que está em sofrimento e na iminência da sua morte?
  - Se for por suicídio? Ou homicídio?
  - Numa catástrofe natural, acidente, ou perda coletiva que envolveu mais do que um familiar?

Para resolver o problema da falta de preparação da sociedade para um eficaz acolhimento e atenção às pessoas enlutadas, espera-nos um longo trabalho de aprendizagem. Cuidar do sofrimento das pessoas enlutadas não é simples, nem é o mesmo que acolher noutras circunstâncias a que possa estar habituado – por isso é que não o ensinaram, até agora.

A primeira verdade a entender já é que, a menos que procure aprender por sua iniciativa, infelizmente, todas as tentativas podem causar danos. Algumas palavras farão a pessoa sentir-se melhor, sim, mas, tenha cuidado, não faça "aquilo que lhe parece melhor", porque, muito provavelmente, as necessidades da pessoa enlutada serão diferentes das que julga serem.

A questão não é sobre a sua intenção, naturalmente, a sua intenção é a melhor. A questão é que dada a fragilidade e vulnerabilidade em que a pessoa enlutada se encontra, aquilo que lhe parece ser apoio, pode acabar por magoar, causar danos e desilusões.

É esperado que, ao longo da vida, ocorram muitas dificuldades. Umas mais sofridas do que outras, umas com mais dispêndio de energia e esforço do que outras, mas, espera-se também, que a maioria possa ser transformada numa potencialidade, numa aprendizagem, numa coisa boa e positiva. No luto por morte pode não ser assim.

Não é a mesma coisa que ter uma noite mal dormida, uma conta para pagar em atraso ou um dia mau no trabalho. Não é a mesma coisa que não entregar um trabalho a tempo, falhar a um compromisso ou não corresponder às expectativas do namorado. Não é a mesma coisa que perder e substituir por outra melhor, mais importante ou perfeita.

Há perdas que alteram completamente a vida e a forma de viver.

Há dores e sofrimentos que mudam toda a verdade. As perdas e os lutos a que me refiro são aqueles acontecimentos que afetam a ordem natural da existência. Estou a falar de dores sobre as quais a maioria das pessoas não quer ouvir, nem falar. Falo da morte inesperada de um bebé horas depois de ter nascido. Do filho que viu o pai ser morto à porta de casa. Do homem saudável que morre três meses depois de descobrir num exame de rotina que tinha uma doença oncológica terminal. Da mãe que foi fazer uma cirurgia, aparentemente simples, e morre na mesa de operações. Do marido que se sentiu mal e teve morte imediata. Da jovem saudável e atlética que teve um acidente e ficou totalmente dependente. Da criança de 4 anos que caiu na piscina e morreu afogada. Do namorado que andava triste e cometeu o suicídio. Da mãe que levava as filhas à escola, que são vítimas de um acidente, e morrem no meio da estrada. Da amiga que estava bem de saúde na noite anterior e morre a tomar o pequeno-almoço. Do casal que saiu de férias, é vítima de um atentado e deixa três filhos menores de idade em casa da avó.

Embora todos os meios de comunicação retratem a morte de forma muito explícita, seja através de imagens ou de palavras, a verdade é que, apesar de ser difícil assistir à dor alheia, não é comum transpormos para a nossa realidade. Enquanto os noticiários abrem com reportagens sangrentas em direto, nós continuamos a jantar. Vemos, ficamos arrepiados, lamentamos o que está a acontecer, paramos vinte segundos a imaginar como seria se fosse connosco, mas, como é demasiado horrível, continuamos a jantar e enchemos o copo de água para empurrar a imagem difícil para o esquecimento.

Não temos por hábito pensar ou falar sobre as fragilidades da vida. Não falamos sobre como tudo pode mudar de um momento para o outro. Por isso, é natural que não tenha palavras, recursos e capacidade para vivê-lo sozinho ou com os outros. Como não nos preparamos, quando o pior acontece, não encontramos o que precisávamos. E, quando encontramos, aquilo que nos é oferecido, muitas vezes fica aquém.

A realidade do luto é diferente daquilo que os outros veem ou supõem. Palmadinhas nas costas, senso comum, animar com frases motivacionais, validar a toda a hora e "fazer como se fosse para mim", não funciona.

Nem todas as perdas podem ser transformadas em algo positivo.

Pedir que uma pessoa enlutada pense desta forma é cruel.

O Luto

"O luto é a resposta característica a uma perda significativa.
Trata-se de uma resposta adaptativa
a uma experiência de perda de vínculo afetivo
que desencadeia um complexo processo dinâmico
balanceado de mudanças e transformação."

Barbosa (2016)

COMECEMOS, então, pelo início.

Afinal, o que é o Luto?

O luto é a experiência que vivemos quando perdemos alguém ou algo que amamos muito. Dessa perda, resulta um grande sofrimento e dor. A perda de uma pessoa pela qual alimentávamos um amor profundo é uma das experiências psicológicas mais dolorosas e *stressantes*, senão a mais dolorosa, que o ser humano pode vivenciar.

Assim, o luto é a resposta natural a um acontecimento que nos afeta a diferentes níveis: emocional, físico, mental, relacional, comportamental e espiritual.

O Luto não é só por Morte

Para garantir a nossa sobrevivência, ao longo da vida precisamos de criar relações uns com os outros. Precisamos de nos vincular, de amar e de pertencer a um grupo ou a uma comunidade, independentemente da raça, da cultura, da condição socioeconómica, do género ou da idade. Essa necessidade, de estabelecer relações, confere aos humanos, assim como a outras espécies (por exemplo, os elefantes), a condição e a característica vital de serem seres gregários.

É uma necessidade que nasce da profunda busca de sensação de segurança, que é imprescindível para a nossa sobrevivência e para enfrentarmos a vida. É por causa dessa característica e dessa sensação que só os relacionamentos e os vínculos nos podem oferecer, que a dor da perda é um dos maiores sofrimentos que o ser humano pode experimentar.

Quando a perda dessas relações causa dor e sofrimento, acresce a forte sensação de ameaça e de desamparo, porque o nosso instinto é manter e garantir a ligação afetiva que nos ajuda a viver.

Quando há vínculo e ocorre uma rutura, o luto é a reação normal, esperada e necessária diante dessa perda, independentemente daquilo de quem se perdeu, fosse uma pessoa amada, a perda de emprego, uma separação conjugal ou término de uma relação amorosa, da perda de funcionamento ou de partes do corpo físico, da perda de um animal de companhia, da perda de expectativas em relação a algo que se desejava muito como ter um filho, um emprego específico, entre outros.

Essa rutura terá sempre impacto na nossa vida, nos sonhos, nos projetos, nas expectativas e na forma como vivemos o dia a dia. Pode-se dizer que o luto resulta sempre de uma mudança. Há um ponto A que leva a um ponto B. Algo acontece, logo ficamos de luto.

Não se fica de luto por nada, tem de existir uma perda, um ponto de partida.

Embora a morte de um ente querido constitua o motivo primordial para a ocorrência do luto e seja essa a circunstância a que mais nos vamos dedicar neste livro, essa não é a única fonte uma vez que outros fatores da vida o poderão provocar.

É importante realçar que, quaisquer que sejam as causas que estejam na origem desse processo, existe sempre um denominador comum: a relação estabelecida, a segurança, o amor.

TODOS OS LUTOS SÃO DIFERENTES

Assim como somos todos diferentes, também as relações que estabelecemos o são, logo, a forma como vivenciamos cada perda também será diferente.

Não há dois lutos iguais.

Caso o leitor tenha irmãos, pense: a sua mãe tem uma relação específica com cada um dos filhos. A forma como se relaciona ou relacionava com a sua mãe, é diferente da dos seus irmãos. Este exemplo aplica-se a todo o tipo de relações que possa estabelecer. Se parar para pensar nas várias relações que teve ao longo da vida, não é possível identificar duas relações iguais. Mesmo que o leitor tenha um irmão gémeo, a relação com a sua mãe, ou com o pai, ou com outra pessoa, é distinta da relação que o seu irmão gémeo estabelecerá com os mesmos. Tal acontece porque somos distintos, relacionamo-nos de forma diferente e estabelecemos entre nós vínculos únicos.

Quantas vezes reparou que tem uma relação positiva com alguém, mas com quem a maioria dos seus amigos não se entende? Ou vice-versa? Da mesma forma que não há pessoas iguais e não é possível estabelecer relações iguais, também o modo como manifestamos a perda é distinta. O único fator comum é a perda, mas a forma como é vivenciada é diferente, por isso, não há dois lutos iguais.

A perda de alguém vai despertar lutos diferentes, tantos quantos amavam a pessoa perdida. Em Portugal, à data, estima-se que por cada morte, três a cinco pessoas fiquem de luto. Estes três a cinco lutos serão totalmente diferentes. Têm em comum a mesma perda, é certo, mas a forma como cada um dos enlutados a vai viver, será diferente.

Ao longo da vida, é esperado que tenha muitas perdas reais ou simbólicas, por morte ou não. Se fizer um exercício mental rápido, conseguirá identificar algumas que lhe causaram dor e sofrimento no passado. Nesse exame retrospetivo, recordar-se-á que sofreu muito e que passou por uma experiência muito dolorosa, naturalmente. Embora possa identificar alguns sentimentos, emoções, comportamentos e estados mentais idênticos, uma análise atenta dar-lhe-á a certeza de que todos os seus lutos foram diferentes. Uns mais longos no tempo, outros com mais disponibilidade para chorar, outros com menos tempo para sentir a dor porque tinha filhos pequenos ou precisava de trabalhar, outros porque não teve o apoio que precisava, outros porque não se conseguiu despedir, e outros ainda porque era demasiado jovem e ninguém lhe explicou o que estava a acontecer.

Tal como os lutos do passado são únicos, também os lutos no futuro serão distintos.

Não é porque no passado não conseguiu manifestar o sofrimento que sentiu, por exemplo, que agora, ou no futuro, vai manter esse registo. Assim como não é porque no passado conseguiu enfrentar o seu luto sozinho, que hoje não deve procurar ajuda. Cada luto é único, assim como a relação que tinha com quem perdeu.

O quê?	O luto é um processo que deve ser vivido à sua imagem e semelhança, ao seu ritmo e do seu jeito.	Autorize-se a sofrer, a chorar e/ou a ficar em silêncio. O luto não pode ser comparado.	O luto não pode ser medido e controlado.	O luto não pode ser julgado.	O luto não pode ser acelerado.
Porquê?	Não é uma condição em que passado algum tempo, tudo volta a ser como antes.	Não se define por comparação às perdas de outras pessoas.	Não se explica a partir das experiências de pessoas que não estão enlutadas.	Não se limita à aceitação da perda. Inclui um ajuste e adaptação a uma nova realidade.	Não é só um processo emocional. É também cognitivo, comportamental e físico.
Como ajudar?	Não dar sugestões.	Não fazer comparações.	Não controlar.	Não julgar.	Não apressar.

O LUTO NÃO TEM 5 FASES

Quando fazemos uma pesquisa rápida no Google e escrevemos a palavra "luto", automaticamente encontramos páginas que referem as cinco fases do luto. Esta perspetiva parte do *Modelo das Fases* proposto por Elisabeth Kubler-Ross (1969). Apesar dos seus estudos partirem do acompanhamento a doentes oncológicos no período terminal de vida e da médica psiquiatra não ter sido responsável pela generalização dos seus achados, nem pelo facto de os usarem como modelo para os processos de luto, a sua perspetiva generalizou-se e acabou por influenciar durante décadas os clínicos e investigadores do luto por todo o mundo.

Hoje, entendemos melhor o luto, e sabemos que esta é uma perspetiva desatualizada. O luto não se encaixa nas cinco fases estanques: *negação e isolamento, raiva e protesto, negociação, depressão e aceitação*, porque nenhum luto é igual e porque não precisamos de colocar os nossos sentimentos e dores em padrões pré-estabelecidos. Pelo contrário, precisamos senti-los à nossa maneira.

O luto é um processo vivo, ativo, dinâmico e cheio de altos e baixos, como se vivesse numa montanha-russa. É natural e esperado que sinta várias emoções e sentimentos ao mesmo tempo. É esperado que tenha dias muito difíceis e com a dor à flor da pele e, logo de seguida, dias mais serenos e calmos.

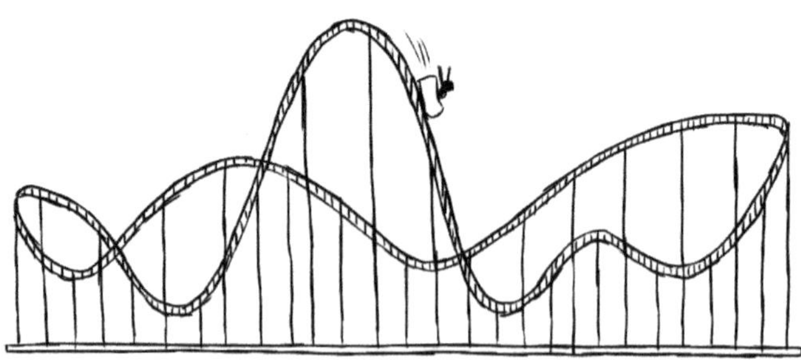

Manifestações ou Respostas de Luto Normativas

No período de transição a uma perda significativa, cria-se uma relação com a vida e reintegra-se intimamente o que se perdeu. Urge aprender a viver com um novo conjunto de condições para os quais não se está pronto.

Neste processo, procurando estratégias de adaptação e recriação, experimentam-se várias manifestações que aqui se descrevem como padrões genéricos e que não pretendem prescrever o que é que o enlutado deve sentir, pensar ou fazer durante o seu processo de luto (como a designação das cinco fases implicava).

Se, por um lado, sabemos que todos os lutos são diferentes, por outro, é possível afirmar que há respostas/ manifestações/ reações de luto que são consideradas pelos especialistas como normativas e saudáveis. Embora dolorosas, essas reações devem ser entendidas como necessárias, habituais e até, nalguns casos, indispensáveis perante a separação e a perda.

O luto, como experiência *stressante* e dolorosa que é, tem o poder de se manifestar através do indivíduo como um todo. Isto é, tudo em nós fica tocado pela dor porque o nosso ser sabe estar de luto. O luto é folgado e gosta de ocupar espaço. O seu poder é tão grande e profundo, como a dor e o amor que temos pela pessoa perdida.

Um dia, estava a dar formação e pedi aos meus alunos para desenharem o luto. Sugeri que fizessem um desenho ilustrativo que melhor o representasse. Uns desenharam pessoas tristes, olhos com lágrimas, corações partidos, outros riscaram a folha toda em representação da dor e do quão pode ser difícil explicar tamanha experiência. Não era um exercício com respostas corretas ou erradas, mas, sim, um esboço da visão de cada um. Todos eram válidos, originais e únicos como o luto. Cada traço dizia muito sobre quem os fez.

Propus este exercício porque, durante muito tempo, também eu andei a pensar na minha imagem do luto. Como é que ele seria? Durante muitos anos, via-o como um elefante, por ser o maior mamífero terrestre, imponente, poderoso, e que deixa rasto por onde passa. Se não for vivido, deixa o chamado "elefante na sala". Além disso, esta espécie tem rituais para lidar com as perdas, cujas características parecem comuns às dos humanos.

Também eles se aproximam e tocam no corpo morto, emitem sons e juntam-se em manada para velar. Carregam-no durante dias até ao local apropriado para o sepultamento – normalmente, longe dos seres humanos e de outras espécies carnívoras, enquanto emitem bramidos de lamento. Cobrem os entes queridos com ramos e folhas, assim como visitam os cadáveres diversas vezes nos tempos seguintes. A meu ver, é uma representação imponente e que personifica bem a dimensão e a extensão daquilo que aqui falamos.

Recentemente, noutra aula, estava a explicar o luto e ocorreu-me outra imagem, que descreve bem o impacto que a perda tem no ser humano: o polvo. Quando estamos de luto, é como se um grande polvo nos abraçasse e tocasse. É como se tudo o que somos fosse agarrado, envolvido, cercado e rodeado pela dor. É como se um polvo gigante nos envolvesse nos seus braços, como se ficássemos presos e colados às suas ventosas e, quanto mais queiramos fugir, mais ele nos prende. Assim como o polvo pode mudar de cor e camuflar-se aos contextos, também o luto pode aparecer disfarçado, embora esteja lá. Quanto mais nos tentamos libertar, mais os grandes braços se movem com precisão e atacam quando se sentem ameaçados. É como se tivesse a capacidade de se adaptar ao indivíduo que cerca, prevendo cada impulso e ação.

Admitimos hoje que a manifestação de luto é experimentada por todas as dimensões que nos compõem: emocional, físico, comportamental e mental.

Na tabela seguinte apresento algumas manifestações, descritas como padrões genéricos, que não pretendem prescrever o que a pessoa enlutada deve sentir, pensar ou fazer durante o processo de luto.

Respostas Emocionais	Respostas Físicas	Respostas Comportamentais	Respostas Mentais
Choque	Nó na garganta, aperto no peito	Desorganização de hábitos e rotinas	Dificuldade de atenção e concentração
Tristeza, choro, desanimo, desgosto	Hipersensibilidade ao barulho	Negligência do autocuidado	Confusão
Raiva, irritação, fúria, ódio, hostilidade, desejo de vingança, protesto, ressentimento	Dificuldade respiratória, sensação de falta de ar, suspiros	Dificuldade de realizar tarefas, lentificação	Perda de capacidade intelectual, bloqueio mental, dificuldade de tomar decisões
Medo, preocupação, incerteza, inquietação, angústia	Fraqueza, dores musculares, abdominais, articulações	Conduta alterada (risco, visitas, rituais, acumulação de objetos, adições	Pensamentos obsessivos e intrusivos, E se não... E se tivesse... Devia ter... Porquê...
Desespero, terror	Boca seca	Apatia	Sensação de presença, alucinações, fantasia Parece que o sinto... Ouço a voz dele...
Culpa	Alterações de apetite e peso, vómitos, náuseas	Manter-se ocupado, trabalhar muito, cuidar dos outros	Lapsos de memória a curto prazo

Respostas Emocionais	Respostas Físicas	Respostas Comportamentais	Respostas Mentais
Solidão, sentimento de abandono	Dores de cabeça	Visitar ou evitar lugares de recordação	Atribuição de significados ao sofrimento Tenho de seguir com a vida... Estou a enlouquecer... Isto aconteceu para...
Ansiedade	Dores no maxilar	Estimar objetos de recordação	Dificuldade de evocação de palavras
Saudade	Insónias, sono pouco reparador	Procurar a pessoa perdida	Preocupação e recordações recorrentes
Vulnerabilidade	Exaustão, falta de energia	Exaustão, falta de energia	Negação, incredulidade
Desamparo	Tremores	Incapacidade de estar sozinho	Sonhos
Desejo de estar com a pessoa amada	Enfraquecimento e queda de cabelo		Diálogos com a pessoa perdida
Alívio	Visão desfocada		
Oscilação de humor			

Estes são alguns padrões genéricos, algumas das manifestações/respostas que podem ocorrer, ou não, consigo – depende de diversos fatores, mas devem sempre ser autorizadas e vividas.

Entretanto, quando estes sintomas persistem, ao ponto de interferirem com o seu funcionamento diário, é sugerido que procure ajuda profissional especializada no luto.

A Necessidade do Luto

O mais difícil é o silêncio ao fim do dia,
não ouvir os teus passos pela casa,
Não saber onde pára a alegria, não saber onde pára a alegria.
O mais difícil é dormir com a saudade,
acordar sem nunca te ver por perto.
E o deserto no mar da cidade, e o deserto no mar da cidade.
O mais difícil é já não te ouvir cantar, esconder fotografias
E viver sem saber o que esperar.
Mas, pior que perder, seria não te ter vivido.
Seria não ter amado, seria não ter sofrido.
Mas, pior que perder, seria não te ter vivido.
Seria não ter amado, seria não te ter tido.
O mais difícil é entrar no quarto vazio,
perceber como tudo está arrumado
Perceber como tudo está sem vida e como tudo está tão frio.
O mais difícil é arrumar a tristeza, é não ter explicação
Desfazer toda esta incerteza.

"O que tinha que ser"
autor desconhecido

AO LONGO DO TEMPO em que tivemos o privilégio de ter aquela pessoa por perto, seja qual fosse o papel ou função dela na nossa vida, permaneceu uma constante construção de laços de amor e segurança. Essas relações são a essência do nosso equilíbrio emocional. Sentir e saber que não estamos sozinhos a percorrer os caminhos da vida, embora cada passo resulte na nossa determinação e vontade, mune-nos de coragem, segurança e força. Aconteça o que acontecer, sabemos que podemos voltar para aquele lugar seguro de amor.

PORQUE PRECISAMOS DE FAZER LUTO?

A nossa sobrevivência implica investir em afetos, garantindo que continuam, através da manutenção dessas relações com regularidade. Os afetos estão no centro da nossa existência, quando são reais e verdadeiros, acrescentam-nos e resultam em importantes processos de partilha.

Essa troca entre o "dar e o receber" é a linguagem do amor. Poder ver aquela pessoa, abraçá-la, ouvir a voz e a sua gargalhada inconfundível, observar os gestos e jeitos, sentir o seu cheiro característico, reparar nos traços do seu rosto e na forma como nos observa, acariciar e ser acariciado, sentir o aperto de mão ou dar um beijo, é indispensável nos momentos bons e maus da vida. É essa linguagem que nos ajuda a fazer a manutenção da relação e a torná-la única.

Ouço muitas vezes pessoas enlutadas dizerem:

– *Tenho tantas saudades da sua gargalhada.*

– *Ele tinha as mãos mais bonitas que eu já vi.*

– *Dava tudo para voltar a sentir o seu beijo.*

– Quando fecho os olhos, só imagino aquele olhar e aquele sorriso.

– Quando me deito, abraço o meu corpo e parece que o sinto abraçado a mim.

Acontece porque todos aqueles movimentos e interações faziam parte da relação estabelecida e eram recíprocos, de alguma forma. Era a isto que estavam habituados, e que lhes transmitia segurança e amor. Logo, perante a ocorrência da perda, é como se todo o processo de vinculação e as sensações de prazer físico e emocional criadas e desenvolvidas com aquela pessoa tivessem de desaparecer.

Depois de todo o investimento em amor, tem de se abdicar dos prazeres físicos, emocionais e mentais dessa relação, porque a outra parte que a satisfazia, a pessoa que preenchia essa necessidade, desapareceu. De repente, mesmo que a perda tenha sido de alguma forma anunciada ou prevista, deixamos de ter a possibilidade de interagir, de sentir, de tocar ou de ouvir. Ninguém pode escapar às consequências da perda de laços afetivos importantes. A única forma de não sofrer pela dor da perda, é não estabelecer relações. Se não quisermos passar pelo doloroso sofrimento do luto, há que evitar criar laços uns com os outros. E aqui surge logo uma pergunta que lhe quero fazer:

Para não passar pelo sofrimento, preferia não ter amado a pessoa que perdeu?

Não estou certa da sua resposta, mas lembro-me do que ouvi sempre que fiz esta pergunta. A maioria disse-me que, apesar da dor e da saudade, não se arrependiam de ter estabelecido aquela relação, mesmo estando em sofrimento.

É doloroso o confronto que acontece dentro de nós. Por um lado, permanece o desejo de manter a ligação física, que tanto necessitamos para viver e, por outro, o confronto com a impossibilidade de satisfazer essa necessidade, dada a perda daquela pessoa com quem partilhávamos tão profundo amor.

Ainda que consigamos reconhecer que aquela pessoa está morta, pois vimo-la sem vida e estivemos presentes no seu funeral, por exemplo, dentro de nós continua viva essa necessidade e urgência, porque é disso que necessitamos. Não perdemos só a pessoa. Com a perda, somos privados do que só tínhamos com ela, por isso, não é fácil abdicar dos aspetos e características únicas que nos uniam. Não é como carregar num botão e mudar de *on* para *off*.

A perda traz infelicidade, e é natural que não queiramos abdicar do bem-estar de que dispúnhamos e que nos parecia tão óbvio. É natural que, durante algum tempo, não aceitemos e batalhemos para preservar ao máximo aquilo que tínhamos, mesmo que saibamos, racionalmente, que tal não é possível.

Quando estamos de luto é como se fossemos uma balança de pesos, como aquelas balanças antigas da mercearia com dois pratos. Num dos pratos, temos o nosso lado racional, que nos diz que não podemos ter aquela pessoa porque ela morreu. No outro, temos o lado emocional, físico e comportamental que anseia, desesperadamente, por qualquer forma de contacto com o que tínhamos.

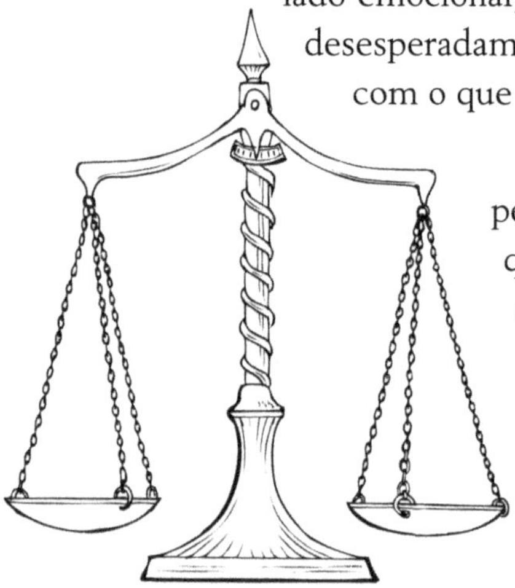

Ser esta balança com dois pratos tão pesados é muito custoso. São pratos que pesam muito. Manter o equilíbrio entre ambos é muito complexo para quem está em dor porque acabou de perder a pessoa que ama.

Vive-se na ambivalência entre querer tudo aquilo que teve *versus* não voltar a ter tudo aquilo que se teve. É muito cansativo e avassalador. Parece estarmos simultaneamente em frentes opostas, com sentimentos, pensamentos e comportamentos distintos e ambíguos.

Pode-se senti-lo com muita frequência:

- quando se disfarça a vontade de abraçar aquela pessoa que já não está cá;
- quando se reprime o desejo de carinho que, depois, não se tem;
- quando se contém a necessidade de enviar uma mensagem ou telefonar como antes;
- quando se evitam pensamentos sobre o sentimento de impotência e pequenez diante do sucedido;
- quando se quer chamar ou ouvir "mãe, pai, filho, marido, esposa, amigo, avó" e não se tem a quem.

É como estar constantemente em luta connosco e com a vida.

– Eu sei que não é possível, mas eu quero, eu preciso de qualquer coisa vinda daquela pessoa.

Estar em dor e tentar existir nesta condição de opostos, implica um dispêndio de energia muito grande, porque estamos constantemente a tentar segurar os ditos pratos, o que acaba por limitar a nossa disponibilidade para as outras áreas, tarefas e rotinas da nossa vida.

O prazer que antes tínhamos, ao estar com o resto da família, com os amigos, com os colegas de trabalho ou até mesmo sozinhos a realizar atividades lúdicas, passatempos e rotinas torna-se mentalmente muito penoso e fisicamente desgastante, porque a nossa energia fica concentrada na ambivalência e na dor que se passa a viver.

Ficam evidentes os motivos pelos quais precisamos de fazer luto quando perdemos. É uma ordem que devemos dar a nós mesmos. É fundamental vivermos a experiência do luto, sempre que perdemos uma relação importante e dessa perda resultar dor e sofrimento.

Porém, caro leitor, não é por achar que viver o luto é a melhor decisão que pode tomar, enquanto enlutado, que a dor vai aliviar.

Não é por saber que deve viver a experiência do luto que tudo fica mais fácil. Não é por reconhecer que, pior do que a dor que está a viver, seria não ter tido a oportunidade de ter aquela pessoa na nossa vida, que o sofrimento diminui.

Não basta saber que é urgente viver o luto quando perdemos, é preciso darmo-nos essa autorização e, de facto, vivê-lo. Permiti-lo.

Vamos a um exemplo para explicar melhor. Imagine esta situação:

Suponha que eu preciso de comprar uma cama. Depois de ter tomado essa decisão, saio de casa, vou a uma superfície comercial, escolho o modelo que mais gosto, pego no carrinho de compras, vou ao armazém e recolho das prateleiras as cinco caixas com as respetivas peças da cama desmontada, que guardo na minha garagem quando chego a casa. Passada uma semana, vou à minha garagem e as cinco caixas continuam lá fechadas, tal como as tinha deixado. Passado um mês, volto novamente à garagem e continua tudo no mesmo sítio, todas as caixas intactas e eu sem ter uma cama. O tempo passou e eu volto lá seis meses depois, e as caixas continuam na garagem completamente fechadas, sem acontecer nada.

E porquê, pergunta o leitor?

Porque não é por eu saber que preciso de uma cama nova e a ter comprado, que eu tenho uma cama, de facto. Na verdade, enquanto eu não abrir as caixas, não tirar de lá todas as peças, não ler as instruções, não for buscar a mala das ferramentas ou até pedir ajuda, passe o tempo que passar, continuo sem cama.

Não é por reconhecer que preciso de uma cama nova, ou por ter decidido fazer a compra e guardar as caixas na garagem, que eu passo a ter uma cama, de facto.

O mesmo acontece quando perdemos alguém que amamos: precisamos de fazer alguma coisa com o luto para não ficarmos doentes ou até morrer por causa dele.

Não raras vezes, as pessoas enlutadas experimentam diferentes formas de morrer na vida, seja pelo isolamento, culpa, medo, raiva, depressão, ansiedade, entre outros, que não se encaixam na vivência de um luto normal e saudável.

Tome atenção:

Se apenas souber e não fizer nada, ou se evitar o sofrimento do luto, pode ficar doente. As manifestações ou sintomas do luto mostram questões que precisamos de olhar com atenção.

Se não tivermos esse olhar cuidadoso e atento, se não agirmos, incluindo procurando ajuda profissional, o luto pode transformar-se numa doença.

Embora o luto não seja uma doença, a verdade é que se pode transformar numa doença – perturbação de luto prolongado. Para que tal não aconteça, temos de agir perante a dor emocional e física que sentimos, quer sozinhos, quer pedindo ajuda aos mais próximos ou a especialistas no luto.

O sofrimento é como um mapa ou uma bússola que nos mostra para onde devemos dirigir o nosso olhar e atenção.

O que fazer com o Luto?

"A ridícula ideia de nunca mais te ver."

Montero, 1951

VIVER NA ESCURIDÃO DO LUTO na tentativa de evitar a dor da perda é mais difícil e prejudicial do que imagina. Exprimir todas as dores e dificuldades é legítimo e um direito da pessoa enlutada. O luto deve ser autorizado e acolhido para que a dor se possa reorganizar ao próprio ritmo, e para que sejam criadas condições para aprender a viver com a perda.

Cura e Desapego do Luto?

"Não percebo como é que ele consegue festejar e juntar as pessoas aqui em casa. Disse-me que queria fazê-lo para se curar a si e a mim. E eu penso: curar? Desde quando é que uma festa cura? Quem é que disse que eu quero ser curada? Disse-me que precisamos de seguir e retomar as tradições como antes. Como é que ele pode pensar dessa forma, se quem vivia mais as tradições era ela? Era ela que preparava tudo, que enfeitava a casa, que ia às compras e depois cozinhávamos juntas. Às vezes, éramos vinte pessoas em casa, mas era sempre ela... Era ela a alegria desta casa. Ele nunca ligou nada e agora quer fazer uma festa? Como é que ele pode pensar que vai ser como antes? Ou que fazer uma festa me vai curar? Nem quero imaginar as pessoas a comerem nos pratos dela, a usarem os talheres e os copos. Já disse, usem tudo o que quiserem, menos aqueles serviços que eram dela. Naqueles, ninguém mexe. Eles que façam a festa. Eu respeito, mas não vou lá estar."

Os gestos de intenção gentil e as palavras de incentivo e coragem podem ser cruéis para quem os recebe. A presença dos outros pode ser invasiva e intrusiva, as tentativas simpáticas podem ser grosseiras e rudes. Parece que todos têm uma opinião sobre como deveria sofrer e como deveria fazer para deixar de estar nessa condição.

Muitas vezes, os conselhos e as dicas sugeridas vão de encontro à ideia de que a pessoa enlutada deve sair daquela dor rapidamente e, de preferência, ainda mais forte do que já era.

Num tempo e numa sociedade onde tudo se quer rápido e indolor, ouço falar regularmente em "curar" como se tudo pudesse ser curado. Como se tudo o que estivesse mal ou a causar dor tivesse de ser reparado, emendado ou corrigido. De facto, é possível consertar e encontrar soluções para muitos problemas. Mas, não sendo o luto um problema ou algo errado, não é possível solucioná-lo ou, como agora gostam de dizer, curá-lo.

Considerar que tudo o que causa incómodo e dor está errado, ou que é um problema que se pode curar, é injusto. Agir como se o luto precisasse ser resolvido o quanto antes, como uma doença que precisa de cura, não é uma reação natural à perda. Sugerir que a pessoa enlutada se desapegue da experiência de dor pode ser nefasto. **Supor que há sempre uma solução e uma cura, é uma ilusão.**

A maioria das pessoas aborda este tema como se a solução fosse o enlutado separar-se da experiência de luto. Incitar ao desapego no luto, é incentivar a pessoa a perder afeição à pessoa que amava. O verbo "desapegar", na língua portuguesa, significa separar (o que está pegado), tornar-se menos afeiçoado, soltar-se, perder afeição. Não fui eu que inventei o significado desta palavra. É isto que ela quer dizer, simplesmente. Este género de abordagens e motivações com o intuito de aliviar o sofrimento, mesmo que a intenção não seja expressa abertamente, pode causar dano e ser ofensivo. Sugiro especial cuidado com a utilização dos termos "curar" e "desapegar" nos contextos de luto.

Quando perdemos alguém que amamos, aquilo que mais desejamos era que não passasse de uma mentira, que aquilo não tivesse acontecido e que nos devolvessem a pessoa que perdemos. **Queremos que o tempo ande para trás e seja como antes.** Se pudéssemos, dávamos tudo para que aquela pessoa voltasse, para que a pudéssemos ver, tocar, abraçar, beijar, sentir novamente. Daríamos tudo, incluindo a própria vida.

Ora, se o que mais queremos é a pessoa perdida, como é que nos podem pedir que pratiquemos o desapego? Como é que se pode pensar que uma pessoa que está totalmente mergulhada na dor, tenha energia para se desapegar, quando tudo lhe dói? Como é que se pode acreditar que é fazendo de conta que nada aconteceu, virando costas à falta, que se vai encontrar paz?

Assim como não há cura para o luto, não é praticando o desapego que a sua dor vai desaparecer. Cada vez que lhe disserem coisas deste género, disfarçando as boas intenções de conforto, eu compreendo que se sinta ofendido.

Não é que o conceito de desapego não seja interessante, quer gostemos ou não. A verdade é que está difundido e é, mais vezes do que oportuno, usado por profissionais como uma "fonte de resgate" para as pessoas enlutadas. Aí é que reside o erro: "pratica o desapego, os acontecimentos servem para aprender algo mais profundo", "a pessoa desapegada não deposita expectativas", "a pessoa desapegada não se envolve emocionalmente, nem permite que os seus sentimentos ultrapassem os limites do saudável para a sua mente e corpo"; "a pessoa desapegada tem conhecimento de que a perda de alguém não afeta quem ela é, logo, tende a ser mais flexível quando se relaciona"; "a pessoa desapegada sabe atribuir a importância adequada às circunstâncias, deixa o passado para trás e valoriza as pessoas que agregaram à sua vida".

Eu não inventei estas expressões. Estas expressões foram-me ditas em consulta de terapia do luto por várias pessoas enlutadas que mostravam grandes dificuldades e relutância em compreender a representação deste género de premissas.

Estas abordagens, eventualmente mais cognitivas e espiritualizadas, de que a morte é um acontecimento com o qual precisamos de viver, como se ela não tivesse, realmente, ocorrido, só pode ser utilizada quando conhecemos muito bem a pessoa enlutada, assim como quando sabemos que o seu sistema de convicções está relacionado, ou se identifica, com estas perspetivas. Ao invés, é possível que cause danos e acabe em afastamento.

Aliás, com a perda de uma pessoa amada, também é natural que o nosso sistema de crenças fique alterado. Não me surpreende que uma pessoa defensora do "desapego", perante uma perda significativa, sinta necessidade de reformular as suas convicções, crenças e princípios de vida. Talvez, passado algum tempo, retome essas representações cognitivas, mas isso não invalida que as questione perante a dor.

Quando o nosso mundo assumido desaba, quando o pior evento acontece, é natural que precisemos de fazer alguns ajustes de adaptação à nova realidade, é humano. É natural que a fé fique balada, que as certezas se transformem em dúvidas, que os receios passem a factos, que as convicções passem a incertezas, que a estabilidade passe a insegurança, que o equilíbrio passe a hesitação.

A questão é: como não?

Se já sabemos que o luto é o processo mais complexo e doloroso que o ser humano pode experimentar, como é que fazer de conta que ele não aconteceu, desapegando-nos dessa realidade, pode ser uma solução? Ou a cura?

O luto não é sobre desapego ou cura.

Podem existir outras experiências na vida humana em que estes conceitos façam sentido. No luto não fazem, nem são recomendadas. Pedir a uma pessoa em sofrimento que se desapegue pode ser violento. Sugerir que há uma cura, como se fosse possível restabelecer um estado que existia anteriormente, é impossível.

Se se encontra num momento da vida em que sente que a sua dor é maior do que consegue suportar, sinto muito. Não posso afirmar que no fim de tudo vai dar certo. Não posso garantir que tudo vai ficar bem. A verdade é que agora não está tudo bem e, talvez, nunca fique bem. Independentemente da sua perda ou do seu tipo de luto, é importante reconhecer como é difícil e como dói.

O propósito deste livro não é curá-lo ou, sequer, curar o seu luto. Também não é ajudá-lo a voltar ao normal ou para que fique melhor. Este livro fala sobre como conviver com a sua perda, como suportar tudo aquilo que está a viver e que não pode ser consertado. É sobre como sobreviver a essa dor inconsolável. Mesmo que neste momento o seu pensamento seja de que é impossível sobreviver a uma dor tão profunda, a verdade é que é muito provável que consiga sobreviver. Não será uma sobrevivência a seguir passos, receitas ou fases. Não será a seguir a visão de outra pessoa qualquer, sobre como é que deve viver o seu luto e gerir os seus dias. Não será com pensamentos positivos, mantras, afirmações, tentativas de desapegar e deixar para trás a vida perdida. Não será, nem pode ser.

Tome atenção:

Para viver o seu luto e sobreviver verdadeiramente ao que lhe está a acontecer, é preciso começar por reconhecer que a sua dor é terrível. Reconheça.

Diga em voz alta. Grite, se for preciso.

Repare que eu não digo aceitar. Digo reconhecer. Talvez não consiga aceitar o que aconteceu, então, comece por reconhecer e aceitar que não está tudo bem consigo. É legítimo que não esteja tudo bem consigo, depois do que aconteceu.

Quando fizer esse reconhecimento, então, aí sim, poderemos começar a falar sobre viver com o luto e com o amor que não acabou. Porque uma coisa é certa, a morte pode ser muito poderosa, pode ser intocável, invencível e indomável, mas há uma coisa que ela não consegue: não acaba com o seu amor por aquela pessoa especial. Isso nunca. Pelo contrário.

Olhe para si agora, aposto que nunca amou tanto.

ENTÃO, O QUE FAZER COM O SEU LUTO?

Comece por cuidar dele, o que é o mesmo que dizer: comece por cuidar de si.

Eu sei que esta frase é um pouco genérica e, talvez, até esteja um pouco saturado de ler e ouvir que é importante cuidar de si ou que o autocuidado é fundamental. Embora lhe possa parecer uma ideia muito repetida, a verdade é que deve começar precisamente por aí, ainda que não tenha qualquer vontade de o fazer.

Aquilo que o espera não é fácil. À sua frente, tem uma viagem muito importante, quer tenha conseguido ou não se organizar antes de ter perdido a pessoa. Sabemos que a perda inesperada é um fator de risco e, por sua vez, que ter a oportunidade de vivenciar antecipadamente a perda, pode ser um fator protetor. No entanto, não é por ter esta experiência de luto antecipatório que o sofrimento é menor depois da morte. Por mais que antecipemos e nos tentemos preparar para a vida sem a pessoa que amamos, nunca vamos estar verdadeiramente prontos. Há um antes e um depois.

Seja qual for o seu caso, a verdade é que agora está aqui e nada o pode tirar deste lugar. Por mais que se tenha preparado, por mais perdas importantes que já tenha tido ao longo da vida, a realidade é que nunca tinha tido esta, nunca tinha perdido aquela pessoa tão especial, nunca tinha estado nesse lugar que agora ocupa.

Estar nesse novo e complexo lugar, adivinha tempos particularmente desafiantes, o que requer atenção da sua parte. Apesar da dificuldade, é importante que tente. Como referi, espera-o uma importante viagem. Imagine-a como uma caminhada de grande distância, como por exemplo, o conhecido caminho de Santiago de Compostela. Talvez já o tenha feito e reconheça a complexidade do que falo, mas, se não é o caso, com certeza já ouviu falar ou conhece alguém que o fez, vindo de qualquer parte do mundo. Independentemente da sua experiência com esta rota ou não, agora, convido-o a imaginar que o vai fazer a pé pela primeira vez.

Embora seja novato, sabe que terá muitos dias pela frente, que há diferentes rotas, que vai encontrar diferentes tipos de piso, contudo, não sabe, realmente, o que vai encontrar. Também não sabe como serão, exatamente, as condições climatéricas, uma vez que as previsões são incertas, mas mesmo assim deve preparar-se para todas as possibilidades. Também não sabe como é que o seu corpo vai reagir, embora possa treinar antecipadamente, assim como não sabe se o equipamento que tem é o mais adequado para as suas diferentes necessidades. Por certo, haverá desafios físicos, emocionais e materiais que terá de enfrentar diariamente e ao seu ritmo. Ainda que leve um guia de viagem ou faça o percurso acompanhado por alguém de confiança, a aventura será nova para si. A verdadeira bússola será o seu ritmo, quando lhe disser que tem de parar para descansar, dê a si mesmo permissão para diminuir a intensidade e recuperar forças.

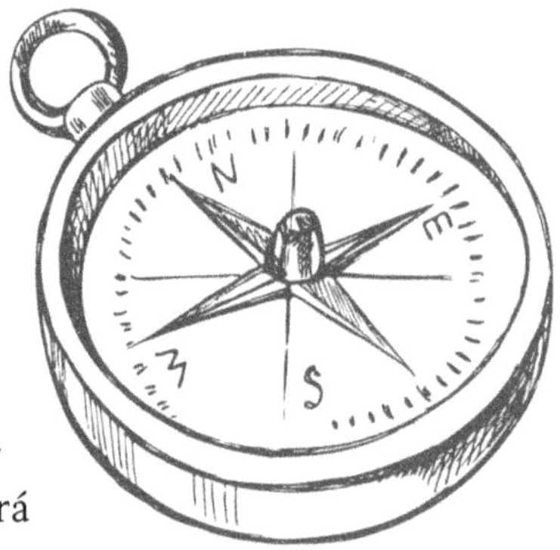

O luto é um caminho novo à frente.

Um percurso que nunca fez, um trajeto difícil de percorrer e que depende, principalmente, de si. Imagino que se sinta muito cansado, que não tenha disposição e até, provavelmente, que uma parte de si queira desistir, por lhe parecer que não faz sentido viver dessa forma. Viver sem aquela pessoa é muito doloroso e deixa-o esgotado, exausto. Pode sentir que perdeu todas as forças, que está sem energia ou que não tem motivos para continuar. É legítimo e não há nada de errado em estar assim.

É precisamente por ser tão doloroso que, se não tiver cuidado consigo, se não cuidar de si próprio, o luto pode passar a ser um problema ou uma doença. Lembre-se do polvo, o luto é uma experiência que interfere em todas as dimensões do ser humano. Tudo em si é tocado pela perda.

Tudo em si sabe que está de luto: os seus pensamentos, as suas emoções, os seus comportamentos e o seu corpo. Tudo em si vai reagir e responder à perda.

Quando sugiro que é importante cuidar-se, quero dizer que é fundamental cuidar de si como um todo, isto é, nas suas dimensões cognitiva/mental/espiritual, física/somática e emocional/relacional. Partindo deste pressuposto, comece por parar um momento e responda a estas três perguntas:

– *Neste momento, como é que estou a cuidar de cada uma destas dimensões?*

– *Há alguma de que cuide mais?*

– *Qual é a que cuido menos?*

O que sugiro é que faça algo por cada uma das dimensões, não importa quão pouco ou insignificante lhe possa parecer. Mesmo que ache que não tem qualquer valor, a verdade é que tudo aquilo que faz, é importante. Possivelmente, até vai reparar que se dedica mais ao cuidado de umas dimensões do que de outras, mas, se assim é, não faz mal.

Neste caminho que está a percorrer, vai precisar de alguns ajustes e adaptações, e, enquanto isso, faz aquilo que lhe é possível. O que importa é fazer, prestar algum cuidado com as suas emoções e relacionamentos, cuidar do seu corpo físico, da sua parte mental e vida interior.

Tome atenção:

Para enfrentar o luto de forma mais saudável é necessário que:

- se permita a sentir a dor, mesmo que tenha muitos momentos em que parece não aguentar e acaba por transbordar. Guardar o sofrimento pode trazer ainda maior dor e dúvidas;
- respeite o seu ritmo: regressar às rotinas pode ser um processo difícil e demorado;
- cuide da sua saúde física e mental;
- procure rodear-se de pessoas que o apoiem e acolham nos seus momentos de vulnerabilidade, sem julgamento;
- procure apoio de profissionais especializados no luto, caso o seu sofrimento esteja muito intenso.

ESTRATÉGIAS PARA LIDAR COM O LUTO

Apresento-lhe, agora, algumas estratégias para o ajudar no seu processo de luto, quer esteja nos momentos iniciais, quer a sua perda tenha ocorrido há mais de 18 meses. Lembre-se, nem todas lhe servirão, algumas funcionam para certas pessoas, outras nem tanto.

As estratégias que lhe vou apresentar são guias e orientações sustentadas nos anos de estudo e experiência que tenho na área do luto. São válidas, mas não perfeitas para todos. Por isso, sugiro que, conforme o seu tempo de luto, as leia e escolha com o coração aquelas que parecem funcionar para si.

E tente, porque sem tentar uma, duas ou três vezes, não saberá se resultam.

Olhe pela sua saúde mental.

Estar privado da pessoa que tanto ama, possivelmente, está a impactá-lo mentalmente. Talvez se sinta mais confuso, que o seu raciocínio está mais lento, que tem dificuldades em escrever uma simples frase, que quando está a ler não consegue reter a informação e precisa de voltar atrás para ler tudo novamente – já lhe aconteceu ao ler este livro? –, que o barulho o incomoda, que demora muito a responder a uma pergunta, por mais simples que seja... Talvez já tenha dado por si perdido nos seus pensamentos, sempre à volta do mesmo assunto, como se não conseguisse pensar em mais nada:

– *E se não... E se tivesse... Devia ter... Porquê...*

Poderá ter alguns momentos em que se sente a enlouquecer, que perdeu a razão, que está perturbado, que já não se reconhece:

– *O que aconteceu com a minha cabeça? O que está a acontecer comigo? Será que voltarei a ser como era?*

Talvez se sinta mais distraído, sem noção do tempo, com dificuldade em tomar decisões e, até, de falar. É natural diante aquilo que lhe aconteceu. Por outro lado, também é normal sentir necessidade de se distrair desses pensamentos, e encontrar algum equilíbrio, refugiando-se em atividades intelectuais, em questões mais práticas ou assuntos mais cerebrais, pois servem como um meio de escapar e distrair da dor. Acontece porque todos respondemos à perda de maneira diferente.

Para cuidar da sua parte mental, comece por este ponto: observe se está a esforçar-se demais. Perante aquilo que lhe aconteceu, durante algum tempo, é provável que as suas capacidades cognitivas e intelectuais estejam diminuídas. Não se preocupe em demasia, não seja muito exigente, não seja excessivamente rigoroso consigo mesmo. Os impactos mentais da perda tendem a diminuir com o tempo, e, se for brando consigo, o processo será mais fácil de suportar.

Evite o que não for benéfico para si.

Nos momentos seguintes à perda, é possível que alguns familiares e amigos fiquem mais presentes. Esta presença é importante e vai ajudá-lo a que não se sinta sozinho e a resolver algumas questões práticas e burocráticas que precisam de ser decididas. Estar sozinho nestas circunstâncias pode tornar o processo muito mais sofrido. Para além de perder aquela pessoa especial, sentir que não tem quem o acolha, fará com que se sinta abandonado na sua dor.

No entanto, mais cedo ou mais tarde, a maioria das pessoas passará a estar menos presente, vão deixar de o visitar com tanta regularidade e a telefonar menos. Começa a dar-se uma seleção natural, em que só alguns permanecem.

Durante este período inicial, logo depois da perda, dada a intensidade da dor, pode ser difícil definir os seus limites, porque não consegue expressar-se devidamente ou porque receia a reação dos outros, se informar que quer estar sozinho, por exemplo.

A verdade é que ambas as situações são importantes. É fundamental ter uma rede de apoio presente e que saiba reconhecer quando precisa de estar consigo mesmo, sem a presença dos outros. Definir os seus limites e expressá-los é absolutamente indispensável. Evite estar rodeado de pessoas, sítios, ambientes, músicas e circunstâncias que não tragam benefícios para si.

Uma excelente forma de definir os seus limites é, ao longo do dia, perguntar-se: *isto é benéfico para mim?* Procure manter-se afastado daquilo que pode aumentar a sua dor, quer sejam pessoas, eventos, sons, grupos de redes sociais, filmes, livros, lugares ou imagens. Faça o possível para não estar em contacto com circunstâncias associadas a dor, a tristeza, a agressividade, a pessimismo ou a sofrimento.

Não tem mal nenhum precisar de estar sozinho, num ambiente e contexto acolhedor, de respeito e cuidado, porque o cérebro é uma parte do corpo que precisa de ser cuidada.

Talvez as pessoas à sua volta tenham comentado que o veem a alimentar-se menos, que emagreceu, e que não está tão cuidadoso com o seu aspeto físico. Provavelmente, têm razão. Esses comentários são o reflexo daquilo que é visível aos olhos deles. No entanto, assim como os cuidados físicos são importantes, é fundamental cuidar dos seus pensamentos, raciocínio, memória, imaginação e todas as habilidades cognitivas que resultam dos processos mentais.

Tome atenção:

Atividades que pode realizar para melhorar o seu bem-estar:

- Passe tempo útil consigo mesmo. Faça, por exemplo, 10 a 15 minutos diários de silêncio, de meditação ou de oração. Reserve algum tempo para si, encare esses momentos como uma oportunidade para fazer algum trabalho interno.
- Sorria ou ria quando achar alguma coisa engraçada. Veja séries ou filmes cómicos que despertem em si emoções de alegria e entusiasmo. Eu sei que custa, mas é um excelente exercício de autocuidado neste momento. Não tem nada de errado em rir quando alguma coisa tem graça. Não está menos de luto por isso.

- Conecte-se com os outros. Procure a companhia de pessoas que sejam acolhedoras e gentis consigo. Se não tiver oportunidade de o fazer pessoalmente, use aplicações como o WhatsApp, Zoom, Facetime ou outros que lhe permitam contactar com amigos e família, mesmo que seja para chorar ou passar o tempo.
- Dedique-se a passar 10 a 15 minutos por dia a apanhar sol ao ar livre. Pode combinar esta atividade com a meditação ou outra que lhe permita relaxar.
- Contacte com a natureza, aprecie o que está à sua volta, repare na beleza daquilo que o envolve, cuide das flores e das plantas que tem em casa, faça um passeio à beira-mar e ouça o bater das ondas.

Ao ler estas atividades, por certo, pensou: "não é isso que me vai fazer ficar melhor". É compreensível que tenha esse género de pensamentos, mas quero dar-lhe uma palavra de incentivo e sugerir que tente na mesma. Quando pensa que não vai melhorar, eu respondo-lhe que mal não lhe fará. Pelo contrário, organizar o seu tempo e ter momentos dedicados a estas atividades, dar-lhe-á mais conforto e são um passo importante neste momento do seu processo de luto.

Evite tomar decisões vitais.

Nos momentos seguintes à perda, é comum as pessoas tomarem algumas decisões precipitadas que se revelam erradas, podendo desencadear grandes arrependimentos mais tarde.

Todos os dias, em consulta de terapia do luto, ouço exemplos que fundamentam esta verdade. Por isso, a recomendação que lhe dou é que não tome decisões importantes nos primeiros 16 a 18 meses.

Com a perda, é natural que seja necessário tratar de assuntos legais, económicos e materiais que impliquem a tomada de algumas decisões, com consequências para o resto da vida. Dada a intensidade da sua dor, talvez possa sentir que o valor dos seus bens materiais, agora, é supérfluo, que já não tem interesse em gerir as finanças ou património, que aquilo que gosta, agora, não tem interesse, que aquilo que queria, agora, não tem valor, o que levá-lo-á a tomar algumas decisões irrefletidas e, até, imprudentes.

Talvez sinta que já não faz sentido continuar no emprego ou no curso que tanto o realizava, que deva sair ou vender a casa onde ocorreu a morte da pessoa que tanto ama, que deva mudar de cidade para não passar pelo sítio onde aconteceu o acidente, que deva mudar os filhos de escola e de atividades lúdicas, que deva pedir o divórcio ou terminar o namoro, que deva instaurar um processo judicial para imputar responsabilidades, que deva adotar um filho ou engravidar imediatamente.

Estes são alguns exemplos de decisões vitais que terão impacto no resto da sua vida. As consequências deste género de escolhas são profundas, por isso, não devem ser tomadas nos meses seguintes à perda. Não significa que não possa vir a fazer essas mudanças ou escolhas, mas há um tempo certo, que normalmente não é nos primeiros meses após a perda.

Com o coração em profundo sofrimento, a atividade cognitiva altera-se, o que, legitimamente, o incapacita de avaliar a situação adequadamente. Tome decisões quando o luto estiver resolvido, enquanto resultado de crescimento pessoal e não como fuga à dor. Sair de casa, do emprego, do curso, da cidade, terminar o casamento ou ter outro filho, não fará a dor desaparecer. Não tenha pressa.

Espere mais um pouco.

Embora a fuga pareça fácil, e permanecer nesses lugares e contextos difícil, lembre-se que **a dor tolda o pensamento**. Dedique as semanas seguintes a refletir nas questões que lhe apresento:

- Antes da perda ter acontecido, pensava tomar essa decisão?
- A decisão que está pensar tomar, é consequência da perda e luto?
- Está a pensar tomar esse passo pois já sente mais serenidade e capacidade de tomar decisões, depois de um longo período de meses de dor?

"Depois da morte do meu filho, a nossa casa ficou vazia. Eu, o meu marido e as minhas filhas parecíamos estranhos uns com os outros, mesmo tentando que a rotina voltasse ao normal. Transformámos o quarto dele, que passou a um escritório para as meninas estudarem, mas elas recusavam-se a entrar lá. Tentámos, mas, tornou-se muito difícil estar naquele lugar que nos fazia lembrar o meu filho. Cada esquina, cada recanto, cada divisão da casa… eram sobre ele. Era uma casa tão bonita, onde tínhamos sido tão felizes.

De repente, passou a representar a certeza do que tinha acontecido e decidimos que seria melhor sair daquela casa, por nós e pelas meninas. Vendemo-la à primeira pessoa que nos ofereceu dinheiro, sem querermos saber se seria o valor justo. Só queríamos sair e recomeçar noutro sítio. Depois da venda, veio o pior. Sair, obrigou-nos a tirar tudo e parecia que estávamos a desfazer o nosso lar, como se estivéssemos a desfazer a nossa família. Passei dias a chorar enquanto arrumava tudo em caixotes. Era como meter a nossa vida em caixas, sabendo que na nova casa não ia ter aqueles recantos que me faziam lembrá-lo, que não ia ter o que restava da sua vida

todos os dias ali comigo. Foi aí que eu percebi que ainda não estava pronta para começar de novo, que ainda precisava muito de viver aquelas memórias do passado que tinha com o meu filho e, para isso, precisava de estar ali, onde me chamou mamã pela primeira vez".

Viva um dia de cada vez.

Depois da perda, é natural que os pensamentos fiquem muito divididos entre passado e futuro. Poderá dar por si, ao longo dos dias, a pensar no que viveu, e a imaginar o doloroso futuro. É também natural que se torne quase impossível recordar-se dos bons momentos, o que acontece devido ao impacto da dor no funcionamento do processo mental.

Neste processo cognitivo, o cérebro "pensa" (que é diferente de recordar), no que não pode ter – o futuro. E porque ir ao passado ativa a dor e ele – o cérebro – ainda não está pronto para essa operação, o que faz é mandá-lo para o futuro, que é igualmente doloroso.

Concordando na dificuldade que é lidar com este vaivém entre o que foi e o que será, quero dizer-lhe que, para além de pensar no passado e no futuro, é urgente e importante pensar no presente. É fundamental viver no presente, ter uma visão a curto-prazo e concentrar-se no dia a dia.

Sobreviva ao dia de hoje. Tenha essa meta. Vinte e quatro horas de cada vez. E é muito, não é?

"Todo o processo que medeia entre a perda e reabilitação para a vida exige um período de demora: é o tempo do luto".

Rebelo (2004)

Fazer a escolha de sobreviver não é fácil, é assumir o compromisso de que vai escalar a montanha mais alta do mundo e despender energia que não tem. Numa decisão quotidiana, seria como se depois de sair da cama e tomar banho ficasse tão cansado como se tivesse corrido uma maratona. Comer pode ser uma escolha muito desafiante, assim como fazer a cama de roupa lavada, escovar os dentes ou lavar a loiça. Todos os movimentos podem ser desafios muito custosos. Todos os pequenos esforços para sobreviver ao dia de hoje, quando a dor é profunda e intensa, são uma forma de se focar no presente.

Tome atenção:

Concentrar-se no presente, embora lhe possa parecer difícil, é algo que conseguimos fazer, principalmente se definirmos objetivos simples e realistas. Se usar esta estratégia diariamente, vai sentir que o seu dia tem mais estrutura e que até passa mais rápido.

Imagino que esta estratégia não seja nova para si. Aliás, acredito que já a tenha utilizado muitas vezes e que tenha tido muito sucesso com ela. Senão, pare um momento e faça este exercício de reflexão comigo: recorde-se de um qualquer evento recente em que precisou de organizar com alguma antecedência (ou ajudar a organizar). Pode ser uma reunião de trabalho, uma festa de Natal da empresa, ou um acontecimento pessoal/ familiar como um jantar de aniversário, um casamento. Lembra-se se esse dia passou rápido ou devagar?

Imagino que a sua resposta seja que passou rápido. Essa sensação surge porque esteve focado naquilo que planeou, no presente. Criou objetivos simples e realistas para aquele momento. Pelo contrário, quando vai a um evento contrariado, que não desejou ou planeou, a sensação que fica é que é interminável, porque não está disponível para o viver.

É exatamente o que lhe proponho agora, o que não quer dizer que não possa pensar no passado ou no futuro.

Agora que está de luto, é importante para o seu funcionamento diário, que se concentre numa visão a curto prazo. No hoje.

Comece por definir diariamente aquilo que quer tentar fazer.

Pode ser tão simples como:

- levantar-se da cama de manhã;
- fazer a sua higiene pessoal;
- vestir roupa lavada;
- tomar o pequeno-almoço;
- cuidar das suas plantas;
- fazer uma caminhada;
- abrir as janelas para entrar ar;
- sentar-se na varanda a apanhar sol;
- fazer uma máscara facial;
- ir ao cabeleireiro;
- telefonar a um amigo;
- experimentar uma receita nova que viu nas redes sociais;
- comprar flores para pôr na mesa da sala;
- escrever sobre os pensamentos que tem tido;
- ouvir uma meditação gravada;
- passear o seu animal de companhia.

Aquilo que sugiro é que todos os dias tente definir objetivos desta ordem.

Pequenos, simples, realizáveis.

Pode guardá-los para si ou, se quiser estruturar melhor este compromisso, escrevê-los na agenda ou num caderno qualquer, seja no dia anterior ou pela manhã. Talvez chegue ao final do dia e repare que não conseguiu fazer tudo o que tinha planeado. Se assim for, não se preocupe. Faz aquilo que conseguir, ao seu ritmo, mas tente todos os dias, por mais difícil que seja.

Comece por um a dois objetivos por dia e, aos pouco, aumente e ajuste. Vai ajudá-lo a sobreviver mais vinte e quatro horas.

Tratar dos Pertences

"Não há nada de sexy no luto. Mas existe a beleza de uma tristeza. A intimidade com a emoção torna tudo tristemente bonito. É como bailar de mãos dadas com a nossa parte mais preciosa. Dançar com a memória é a mesma coisa que dançar com a emoção."

Luz (2021)

EM ALGUM MOMENTO, depois da perda, é natural que se questione: quando tratar dos pertences da pessoa ausente e como? São duas questões legítimas e muito dolorosas. Abaixo, deixo algumas orientações que, embora não sejam obrigatórias, podem servir para o ajudar a tomar decisões.

Quando? Como?

Na verdade, não há um momento certo, porém, é uma tarefa que tem de ser tratada.

No luto não há um calendário rígido, não tem de ser hoje, na primeira semana, dali a um mês ou um ano, o que não quer dizer que não deva ser feito, pelo contrário. Há um ditado que diz: "nem cedo demais, nem nunca mais". Pois bem, é uma máxima que poderemos aplicar aqui.

Algumas pessoas tratam dos pertences imediatamente a seguir à perda, seja antes dos rituais de despedida (funeral), no final destes, ou nos dias seguintes. Outras pessoas não têm esta iniciativa, preservando os pertences durante algum tempo.

Embora não exista uma altura certa, é fundamental que essa tarefa seja realizada em algum momento. Ao invés de começar logo a arrumar, comece por organizar pequenos objetos de uso diário como medicação, produtos de higiene pessoal, papéis, chaves e outros objetos avulsos, que estão guardados nas gavetas e caixas de casa. Mexer nesses objetos e decidir o que vai fazer com eles, será doloroso, é certo, por isso, não precisa de fazer tudo de uma vez.

Se sentir que está a ser difícil, pare, respire fundo, beba um copo de água ou apanhe ar. Mais tarde ou noutro dia, quando sentir coragem, retome. Além disso, não precisa de o fazer sozinho, pode chamar alguém de sua confiança para estar neste momento. Guarde alguns desses objetos, doe outros e deite fora os que não terão utilidade prestável. Pode, por exemplo, entregar as caixas de medicação abertas numa farmácia que, posteriormente, lhes dará o destino oportuno.

Depois de tratar destes pertences diários, comece a definir outras secções para tratar: vestuário, calçado, objetos de coleção, objetos de decoração, entre outros. Mais uma vez, não se proponha a fazer tudo de uma vez, nem sozinho. De igual forma, evite que esta tarefa seja feita por uma pessoa de fora ou sem supervisão. Naturalmente, esta pessoa não sabe o valor sentimental dos pertences e pode desfazer-se de alguns que, para si, era importante guardar. Esta é uma tarefa que deve ser feita em família, incluindo crianças e adolescentes.

OS OBJETOS COMO ELO DE LIGAÇÃO

Quando estiver a tratar dos pertences, pode chegar à conclusão que todos são importantes e que não consegue fazer essa triagem, decidindo, por isso, que quer manter tudo exatamente como está.

A questão não é tanto sobre
ter ou não os pertences,
é sobre o que quer fazer com eles.

É natural que gostasse de guardar todos ou quase todos os objetos significativos porque os objetos têm a função de o ligar a memórias específicas, a momentos vividos, a fazer lembrar o modo de ser daquela pessoa, as suas características, os seus gostos, os seus traços de carácter, aquilo que a tornava tão especial e única.

Os objetos são uma forma de manter a ligação com quem perdeu, ajudam-no a sentir que, ainda, tem essa ligação viva. Ajudam-no a sentir aquela pessoa. Com os objetos, poderá expressar os seus sentimentos e pensamentos, quando os observa, toca e sente. Talvez já tenha dado por si a mexer em alguns e a falar com eles, como se estivesse a falar com a pessoa perdida. Talvez o faça quando vê fotografias, quando revê vídeos ou relê mensagens, quando pega em alguma peça de roupa ou objeto pessoal e o cheira e abraça.

Quando os objetos o ajudam a sentir-se ligado à pessoa perdida e os usa para expressar os seus sentimentos de saudade, significa que o estão a ajudar a seguir o seu processo de luto num ritmo saudável. No entanto, se os guardar para negar, não reconhecer ou não aceitar a realidade, esses objetos não o estão a ajudar no seu processo de luto, podendo estar a impedir de seguir em frente de forma saudável.

Não se pressione, nem despache esta tarefa. Não tenha pressa em tomar uma decisão em relação ao que vai fazer com os pertences da pessoa que ama. Tenha calma. Tem tempo para decidir o que gostaria de guardar.

Por vezes, ouço pessoas enlutadas dizer que aguardam pelo momento certo para começar. Se é o seu caso, quero dizer-lhe que o momento certo nunca vai chegar. Esse momento não se sente. Esse momento faz-se. Faz-se com pequenas investidas, aos poucos. Começando por uma gaveta e depois uma prateleira. Parando a meio, porque é doloroso e retomando dias ou semanas depois.

Leve o tempo que precisar, pouco a pouco.

Tome atenção:

Vá abrindo mão de algumas coisas e guarde outras. Mas não se precipite. Não trate desta tarefa tão importante logo após a perda. Mais tarde, pode sentir-se arrependido por ter dispensado alguns objetos que, afinal, gostava de guardar no futuro. **O segredo é nem cedo demais, nem nunca mais.**

Lembre-se que pode ainda doar os que estejam em boas condições e assim ajudar outras pessoas. Pode, também, fazer uma triagem e oferecer a outros entes queridos. Estes ficarão muitos agradecidos pela sua atitude e, provavelmente, a pessoa que perdeu teria ficado feliz com o seu gesto tão bonito.

Se durante esse processo de organização de pertences perceber que perdeu ou não encontra um objeto específico (um colar, uma gravata, um anel, uns brincos, uma fotografia, um livro, uma camisola), não se lamente. Não é por não ter esse objeto que a relação com a pessoa que ama terminou. A relação continuará viva, mesmo sem esse colar, gravata ou fotografia. A memória que esse objeto lhe traz, fica guardada no coração e gravada profundamente no amor que vos unia. Não serão necessários objetos para a manter viva.

É tão importante guardar objetos significativos, como também é importante deixá-los ir.

Algumas sugestões para guardar os pertences que também podem ser feitas com crianças e adolescentes:

- Compre um álbum bonito, imprima fotografias e faça montagens por datas, eventos ou aleatoriamente.

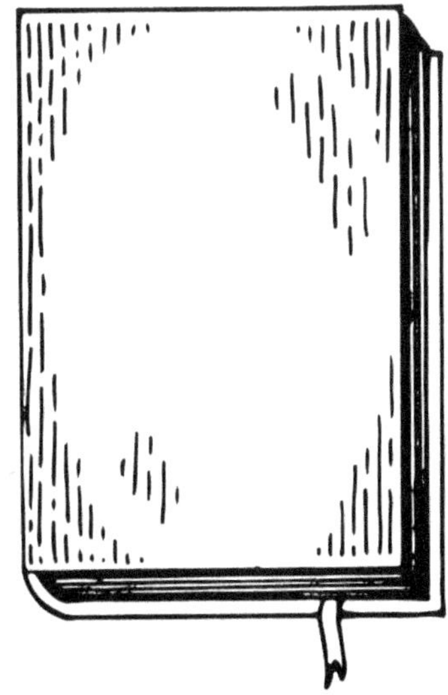

- Crie montagens com fotos e outros objetos que representem a vossa ligação. Pinte telas, faça esculturas em cerâmica, desenhe ou encontre outras formas para expressar o amor e as memórias através das cores.
- Escolha uma caixa e personalize o exterior e interior. Guarde nela tudo o que quiser: objetos da pessoa ou seus, que façam lembrar a vossa relação e momentos que passaram juntos, como roupa, fotografias, cartas, desenhos, poemas, livros, *pen* com músicas, entre outros. Depois, guarde num sítio especial.
- Crie uma pasta na *drive* ou num disco externo. Guarde tudo o que tem no computador e no telemóvel: mensagens recebidas e enviadas de texto, vídeo, áudio, memes; fotos recebidas e enviadas; *e-mails*. Assim, garante que não perde nada, caso o telemóvel ou o computador avariem.

Está de Luto e o seu Corpo Sabe Disso

"O luto não é uma desordem de conduta, ainda que produza alterações na conduta; o luto tão pouco é um conflito intrapsíquico, ainda gere sofrimento intrapsíquico.

O luto é a perda da relação, a perda de contacto com o outro, que rompe o contacto consigo mesmo.

É uma experiência de fragmentação da identidade, produzida por uma rotura de um vínculo afetivo: uma vivência multidimensional que afeta não só o nosso corpo físico e as nossas emoções, como também as nossas relações com os outros e connosco mesmos, as nossas cognições, crenças e pressuposições e o nosso mundo interno existencial ou espiritual."

Payàs, 2010

SE A PERDA É RECENTE, há cuidados importantes a ter com o seu corpo, e é sobre isso que lhe quero falar de seguida, sugerindo alguns exemplos práticos. Antes desta experiência que a vida lhe trouxe, imagino que não parasse muito tempo a pensar no que era o luto. Estou certa?

Sempre que ouvia falar de alguém enlutado, o que, provavelmente, lhe ocorria era a tristeza e saudade que uma perda trazia. Acredite, eu já perguntei o que era o luto a centenas de pessoas das mais variadas idades e a generalidade deu esta resposta: tristeza e saudade. Por isso, se até estar nessa condição que está agora, também achava que era só tristeza e saudade, não seria o único.

E todos estão certos. O luto é tristeza e saudade, mas não só. Essa definição de luto, está certa, mas, em parte. Acredito firmemente que agora que lhe tocou a vez de sentir essa dor, a sua visão é muito mais esclarecida e real, até porque sente o luto na pele todos os dias.

O Luto sente-se na Pele

O luto é isso: sente-se na pele. Todos os dias. O que é muito mais do que estar profundamente triste ou cheio de saudades. Dizer que o luto é um punhado de emoções dolorosas, é injusto. Quando digo que se sente na pele, quero afirmar que o luto tem a capacidade de atingir as milhares de células, que unidas formam os tecidos, os orgãos e os sistemas que compõe o seu corpo. O luto impacta e interfere com o corpo.

Estudos em neurobiologia mostram que quando perdemos alguém, há alterações na nossa bioquímica. A perda interfere e motiva alterações no sistema fisiológico. Há motivos para isso, há motivos para estar cansado, ter dores ou desconforto muscular, ter alterações no padrão do sono, ter alterações de apetite, sensação de falta de ar.

O seu corpo sabe que está de luto. Como não? Deve ser atendido, assim como atende e cuida da sua tristeza. Aquilo que o corpo expressa é também uma forma de manifestar amor e saudade. Também ele sente falta daquela pessoa importante. Incentivo-o a ter atenção a possíveis alterações físicas, até porque nos momentos iniciais do luto, esta área pode ser a mais afetada.

Independentemente da sua condição física ou dos seus antecedentes de saúde e/ou doença, talvez sinta que não tem grande rendimento e força, como se tivesse sido envolvido numa bolha que o anestesia e limita, mesmo quando só quer fazer pequenas e simples tarefas diárias.

Tudo é muito custoso.

E o corpo sente essa dificuldade, atrapalha. Fica pesado, lento, vagaroso, desobediente, teimoso e frágil. É como se tivesse deixado de ser dono dele, ou que passasse a ser uma extensão, uma espécie de figurino desconhecido que o guarda a si no interior. O corpo é seu, mas, às vezes, parece não ser. As coisas caem das mãos, os braços estão pesados, as costas tensas, as pernas cansadas, os pés fogem do chão, a cabeça tende a estar inclinada para a frente e não para de latejar.

O que antes era simples,
agora é difícil e penoso.

Todos os movimentos o deixam exausto, sem força e energia, com dores no corpo, nas articulações, nos músculos, na cabeça, na zona da testa, nos olhos, no peito. Quando para para descansar, o corpo não repousa, não sossega, não acalma, não relaxa, nem serena. Na hora de dormir, o sono tarda e, quando chega, não dura a noite toda e é pouco reparador – parece que não foi à cama. De manhã, que começou bem cedo e em dor, lá está o corpo pesado, cansado, sem energia. Não tem fome ou sede, recusando comer ou beber o que quer que seja ou, pelo contrário, passa o dia com desejo de comer ou beber, ávido por ingerir comida ou bebida. E o dia arrasta-se, lento.

É aí que pensa em desistir de tudo e que percebe que nada o satisfaz. Evita olhar-se ao espelho e confrontar o reflexo. Por ventura, está com variação de peso, talvez de olheiras profundas e com uma cor mais saliente da que tinha anteriormente. A sua pele descobriu caminhos para novas marcas, pregas e rugas na zona dos olhos, da testa e dos lábios, o cabelo está desleixado e a pelugem do rosto maior. Os olhos, esses, são profundamente tristes e sem o brilho de outrora, já para não falar, da postura curvada, dos ombros caídos. A expressão de dor. É como se aquele corpo já não fosse o seu. E, é aí, nesse momento, que surge a dúvida:

– O *que está a acontecer comigo?*

Há dias em que consegue ter alguma capacidade e força para realizar as tarefas do dia, sente vigor e disponibilidade para agir, com mais controlo sobre os seus movimentos. Noutros, não. Há momentos em que sente mais coragem, determinação, entusiasmo, firmeza e, no instante seguinte, sente impotência, incapacidade física ou impossibilidade de iniciar qualquer atividade.

Sair da cama pode ser muito difícil, fazer a sua higiene a última coisa que lhe apetece, tratar das tarefas habituais da casa, dos filhos, do emprego, um verdadeiro obstáculo e transtorno. Tudo exige um esforço enorme. À pergunta que fez, respondo-lhe que são sinais. O seu corpo está a dar-lhe informações, indicações, dicas, pistas, expressões e indícios daquilo que precisa de aprender a gerir.

O corpo fala, outra vezes, grita.

Vou, agora, propor-lhe alguns exercícios cujo objetivo é ajudá-lo a compreender esta parte importante do seu luto. Afinal, como melhorar se não reconhece o que precisa de ser melhorado?

Exercício 1:

Identifique aquilo que o seu corpo está a manifestar. Reveja o ponto *Manifestações ou respostas de luto normativas* e acrescente outras que sente.

Pegue numa folha branca e escreva o que está a acontecer consigo. Dê nome ao que está a sentir. É o primeiro passo para lidar melhor com as dificuldades. Este exercício não lhe tomará mais do que cinco a dez minutos e fará diferença. Identificar o que está a acontecer, vai ajudá-lo a reconhecer o que está a ser mais impactante e, por onde deve começar, para melhorar.

Exercício 2:

Desde que ocorreu a sua perda, onde é que começou a sentir mais desconforto ou dor no seu corpo?

Pegue numa folha e desenhe uma figura humana idêntica à que se segue (ou utilize essa mesmo). Assinale o que sente na zona respetiva.

Para se orientar, consulte o exemplo e copie aquilo que se adequa ao seu caso. Note que esse exemplo é uma generalização que pode, ou não, representá-lo. Importa que escreva, realmente, conforme o seu caso. Ao fazer o exercício, poderá perceber que algumas das manifestações ou dores não estão localizadas num ponto específico. Por exemplo, há quem sinta os braços ou pernas cansadas e há quem não consiga determinar com tanto detalhe, por sentir um cansaço e falta de energia generalizados. Quando não for possível especificar a zona, faça um círculo à volta do corpo ou dessa parte mais alargada e escreva o que representa. Procure ser o mais minucioso que conseguir.

Depois de identificar os pontos mais impactados, reflita se essas ocorrências derivam de problemas de saúde prévios e, por isso, se devem ser observados pelo seu médico ou se resultam da somatização, ou seja, são a manifestação da dor emocional através de sintomas físicos. Ainda assim, em caso de dúvida, persistência ou agravamento dos sintomas, procure sempre o seu médico para o ajudar e orientar nesse diagnóstico.

Exemplo:

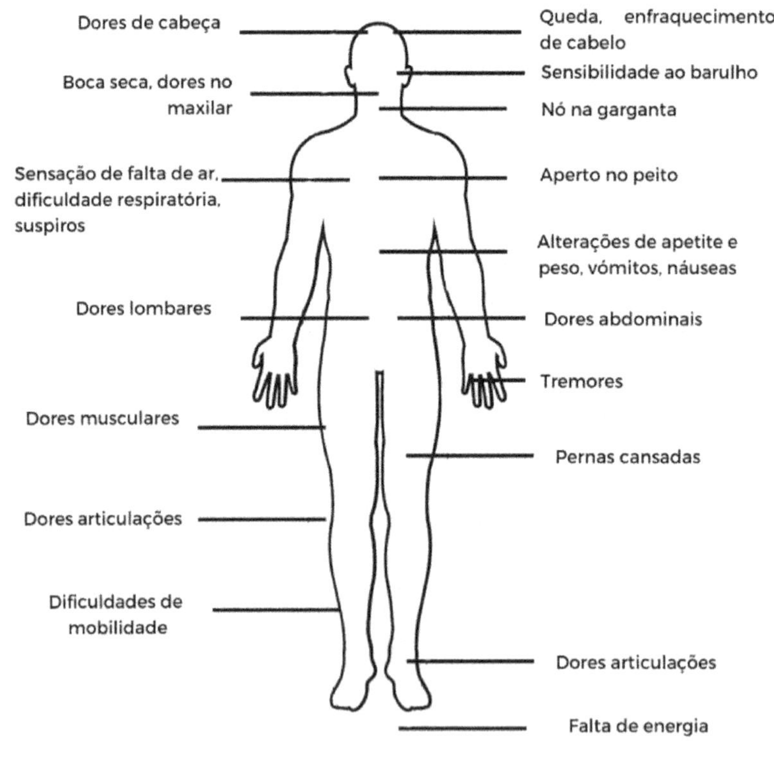

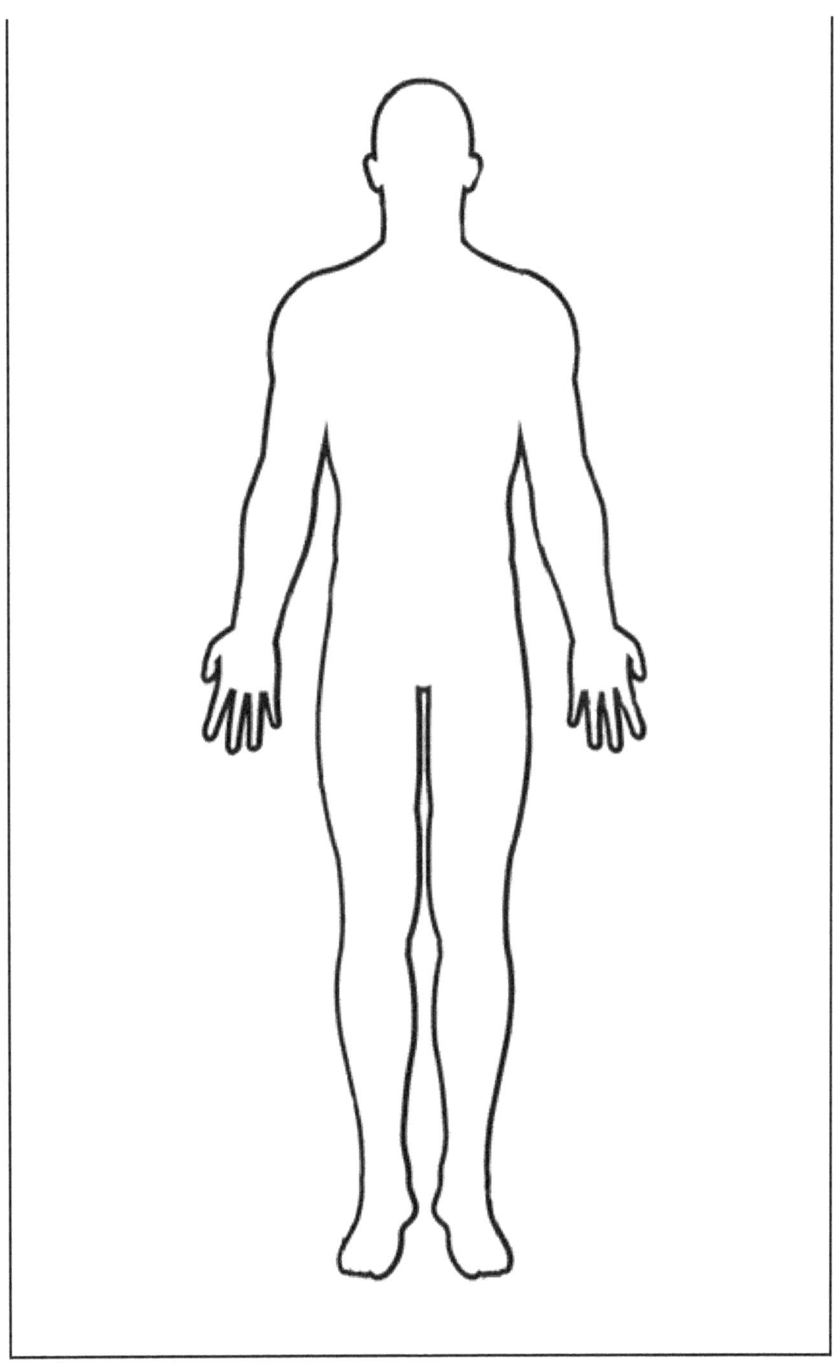

Exercício 3:

Depois de identificar as manifestações, observe se a intensidade das mesmas varia ao longo do dia. Para o ajudar a fazer esta reflexão e conhecer melhor o seu luto, pode responder às seguintes questões:

1. Quando acorda, que manifestações físicas sente no seu corpo?
2. Ao longo do dia, a intensidade de desconforto ou dor aumenta ou diminui?
3. Se respondeu que a intensidade aumenta, em que momentos é que isso acontece? (Isto é, que atividades/tarefas/rotinas/deveres/momentos do dia é que lhe causam mais desconforto e dor no corpo?
4. Se respondeu que a intensidade diminui, em que momentos é que isso acontece? (Isto é, que atividades/tarefas/rotinas/deveres/momentos do dia levam à diminuição do desconforto e dor no corpo?
5. As manifestações físicas que identificou no início do dia são as mesmas que sente no final do dia? O que mudou?

Se leu este exercício e pensou:

– Não preciso de fazer estas coisas. Isto não adianta nada, nem vai mudar aquilo que me aconteceu.

Quero dizer-lhe que está certo, mas só em parte. De facto, este exercício, assim como outros que lhe proponho neste livro, não vão mudar aquilo que lhe aconteceu. Posso garantir que não vão trazer a pessoa que perdeu. Nem eu, nem este livro, nem o leitor podemos mudar aquele fatídico acontecimento. Sabendo que não é esse o propósito, desafio-o a encarar este exercício como um passo para lidar melhor com o que está a acontecer consigo. Só isso e já é muito.

Eu tenho a certeza que o leitor sabe o que está a sentir no seu corpo. Ninguém sabe melhor do que aquele que está a sentir na pele. É um facto. A questão é que nunca antes esteve assim. Nunca antes teve esse sofrimento e dor. Nunca antes esteve nesse lugar. Precisa de ser cuidado sob pena de ficar seriamente doente.

Parar cinco a dez minutos, que é o tempo médio para fazer o exercício, é parar para olhar para o que está a acontecer consigo. Só pode melhorar, se souber o que está mal ou menos bem.

Só se consegue aguentar a caminhada, sabendo que se tem condições para isso.

Lembra-se quando lhe sugeria que pensasse neste percurso como se estivesse a fazer o caminho de Santiago de Compostela? Está na hora de observar quais são as condições que tem para o fazer. Não adianta comprar os melhores ténis de caminhada, se não tiver umas boas palmilhas. Não adianta uma mochila muito boa, se depois não souber distribuir o peso dos pertences a levar.

O corpo é o lugar onde guarda o amor que tem por aquela pessoa. Se não souber como está agora, para depois cuidar das suas necessidades, esse amor não vai resistir. Não vai ter um porto seguro onde possa estar vivo. O amor sustenta-se, alimenta-se e nutre-se da sua vida e da sua força. Se ficou com reservas quanto ao valor ou utilidade do exercício, renovo o meu incentivo.

Pare de ler aqui. Recue algumas páginas e dedique cinco a dez minutos a observar, com consciência, como é que está o lugar onde guarda o seu amor por aquela pessoa tão especial.

REPOUSAR A AGENDA DO LUTO

Eu sei, não é um tema original.

Acredito que saiba, perfeitamente, como é importante ter cuidado com a saúde e o bem-estar durante o luto. Imagino, até, que esteja um pouco cansado de ouvir as pessoas a dizer que precisa de descansar, que a saúde é o bem mais valioso da vida, assim como outros clichés e frases feitas que pouco inspiram. Sim, todos o sabemos e estamos cansados de saber. Tem razão. No entanto, embora este assunto não seja uma novidade, nunca este aspeto deve ser tido tão em conta como agora. Se o corpo não funcionar, o resto bloqueia.

No início do processo de luto, dada a intensidade da dor, qualquer coisa que possa fazer para se ligar de forma saudável ao seu corpo, é fundamental. Se tiver este aspeto em atenção, a capacidade de autorregular as emoções, aumentará. É um facto. É por isso que, nesta altura, tudo o que conseguir fazer para aumentar o seu bem-estar físico, é indispensável.

Estar de luto é muito cansativo e debilitante, por isso, recomendo que se esforce por repousar. Tenha calma. Não há necessidade de querer uma vida acelerada agora. Não há pressa. Embora tenha urgência em melhorar, isso não vai acontecer se tiver pressa, pelo contrário. A pressa é inimiga do luto. Agora é tempo de abrandar e sossegar. Se escolher viver a dor da perda com agitação, vai desligar-se de si mesmo e dela, o que, mais não será, do que aumentar a ferida.

Estar de luto é como ser
uma ferida aberta em carne viva.

É uma expressão que não é minha, mas que serve bem para ilustrar o que lhe quero mostrar, sobre o que lhe aconteceu. Ao longo da vida, eventualmente, o leitor já teve alguma lesão ou ferida, talvez em criança quando andava de bicicleta ou em adulto a jogar futebol. Essa ferida, quer tenha sido superficial, ou um traumatismo mais profundo, causado por uma ação mais violenta, trouxe dor e levou algum tempo a sarar. **Tal como a ferida rasgou a pele, a perda que teve também o fez. Rasgou-o ao meio. É como uma lesão profunda que deixou tudo exposto.** Embora se trate de uma ferida invisível, ela está aí. Não é por ser invisível aos olhos comuns que não existe, pelo contrário, existe e lateja.

Tal como as anteriores, esta ferida precisa de cuidados. Se não a tratar, a cicatrização demorará bastante tempo, podendo não ficar bem feita. Contudo, esta ferida não se trata com os mesmos esquemas de tratamentos aplicados nas outras feridas, não precisa de ser desinfetada e coberta com compressas. Esta ferida, agora, precisa de descansar. O processo de cicatrização é lento e implica descanso obrigatório. Não deve passar à frente deste passo, pois, sem descanso, a dor tende a aumentar.

Por isso, incito-o a que inclua nas suas rotinas algum tempo extra para estar consigo, seja na pausa do almoço, no intervalo do lanche ou depois do jantar. Repouse entre os compromissos diários, organize-se com alguma antecedência para ter tempo de descanso ao longo do dia. A pressa é inimiga da dor e a correria aumenta o sofrimento.

Pare um momento para reparar na organização do seu dia. Onde e como é que pode incluir momentos de descanso? Se não tem por hábito usar uma agenda ou fazer um plano diário ou semanal, eis uma boa oportunidade. Se estamos a meio do ano e não quer comprar uma agenda, faça o *download* duma aplicação no seu *smartphone*, aliás, muito provavelmente, o seu telemóvel vem com essa funcionalidade já disponível. Se não sabe como é que isso se faz, ou não quer pedir ajuda, pegue numa folha de papel e desenhe uma tabela com os dias da semana. É simples e vai ajudá-lo a ser mais organizado e a criar estrutura.

Neste momento, em que é natural estar mais confuso e distraído, ter o hábito de registar os seus compromissos, pode ser muito benéfico. Para algumas pessoas, esta estrutura é muito importante, por exemplo, para planear o que vão fazer durante os fins de semana, por serem os dias em que se sentem mais sozinhos. Com a planificação prévia daquilo que querem fazer, os dias ficam mais estruturados e até parece que passam mais rápido.

Não seja demasiado rígido. Não precisa de fazer um esquema ou planeamento rigoroso. Vá construindo e adaptando à sua realidade e necessidades. Faça o planeamento, mas permita-se ser flexível, improvise, aproveite o que cada momento lhe dá. Mas, não se esqueça, inclua momentos para descansar ao longo do dia.

Talvez ao ler este ponto esteja a pensar:

– Mas como? Mal tenho tempo para me alimentar, não tenho tempo, ando sempre a correr…

Sim, eu reconheço. Pode ser difícil incluir tempos de descanso no seu dia a dia. Reconhece que, depois da perda, o seu dia a dia não é o mesmo? Ou melhor, que o leitor, não é o mesmo? Se, de facto, estiver de luto, é impossível que tudo continue igual.

Reconheça.

Pode não aceitar aquilo que aconteceu. Eventualmente, nunca vai concordar, sequer, mas reconheça: precisa de abrandar e estar mais presente em cada momento da sua vida, para viver o que está a acontecer, precisa de parar. Parar para descansar e parar de fazer algumas coisas que fazia anteriormente.

O luto tem o poder de ajudar a descobrir o que é mais importante, as coisas simples e elementares que dão sentido à vida.

Isso implica dar o primeiro passo, começar. Começar a cuidar de si com mais dedicação. Decidir quais são os momentos que reserva para estar consigo e, também, com aqueles que lhe são importantes.

Neste momento, é tão importante como respirar.

CANSAR O CORPO, DESCANSAR A MENTE

No início do processo de luto, pode, muitas vezes, sentir que não tem força nem ânimo para fazer tarefas básicas e rotineiras. Para além disso, se a habituação à ausência da pessoa amada é um processo gradual, iniciar ou retomar uma atividade física, também o pode ser. Esperar que seja de outra forma, que a vontade apareça quando o tempo estiver melhor ou, no início do próximo mês, é uma ilusão.

A vontade não aparece por magia, não surge do nada, não acordamos de mãos dadas com ela, não se mostra de repente durante a tarde, e não nos aconchega ao deitar.

A vontade motiva-se.

Faz-se.

Na maior parte das vezes, a motivação não aparece antes de começar a fazer exercício. A motivação é envergonhada, esquiva, tímida e, feita acanhada, só dá o ar da sua graça depois, já vestida pelos benefícios, pela sensação de missão cumprida e pelo orgulho de se ter conseguido. **E a verdade é que se conseguem grandes benefícios quando cansamos o corpo.**

Nesta altura do seu processo de luto e, já falámos disso anteriormente, é natural que grande parte do seu tempo seja dedicado a pensar no futuro e naquilo que não vai viver com a pessoa amada. São pensamentos muito dolorosos, com informação difícil e que constatam uma realidade para a qual, ainda, não está pronto para lidar. Embora seja natural ter estes pensamentos sobre o futuro e todas as dificuldades que o esperam, a ansiedade que lhe provoca pode ser desafiador de gerir.

Talvez já tenha dado por si a abanar a cabeça no desespero de querer mudar de pensamento ou que o melhor é estar ocupado com muitas tarefas, na tentativa de fugir a essa ansiedade. São soluções válidas, quer seja procurar pensar noutras coisas, quer seja estar sempre ocupado. Mas, ambos sabemos que não funcionam totalmente. Estou certa?

São soluções passageiras e que não duram mais do que escassos segundos ou minutos.

"Às vezes, parece que estou a ficar louca de tanto pensar nele. Como é que eu vou conseguir viver assim? Ele era tudo para mim. Não consigo pensar em mais nada, é doentio e desesperante. Isto não pode ser normal. É uma saudade tão grande que dói, dói-me mesmo aqui dentro. É como se me faltasse o ar e a energia para viver. Não sei o que fazer da minha vida. Que vida? Isto não é vida. Eu tinha tanto e não sabia. Eu era tão feliz e não aproveitei. Como é que eu vou fazer? Eu não aguento. E estar sempre a pensar nisto deixa-me desesperada, sem controlo, com raiva de tudo e todos. Eu bem tento não pensar, mas os pensamentos voltam sempre. Tento fazer as coisas

de casa, mas tudo me faz lembrá-lo. Vou fazer alguma coisa na cozinha, lembro-me. Vou para a sala e lembro-me dele. No quarto é a mesma coisa. Parece que está por todo o lado."

Acredite, a atividade física é um recurso muito importante que traz imensas vantagens para a pessoa enlutada:

Alivia estados de ansiedade, sensação de medo e preocupação.

É, por excelência, um estimulador de produção de neurotransmissores (dopamina, endromina e serotonina) que contribuem para a sensação de bem-estar e redução de stress. Para além disso, beneficia o sistema circulatório e melhora a oxigenação no cérebro.

Ninguém aguenta a dor do luto o tempo todo.

Não é saudável estar sistematicamente, vinte e quatro horas sobre vinte e quatro horas, a pensar e a sentir o luto. Em algum momento, é importante fazer uma pausa. Dar tréguas à dor, mesmo que temporariamente. A atividade física é uma forma saudável de garantir alguns intervalos.

Distrair não é esquecer a dor. Infelizmente, para onde quer que vá, ela vai consigo. Distrair não é desconsiderar a pessoa que perdeu. Distrair, de forma saudável, é escolher ter momentos que vão favorecer o momento presente, quer sejam atividades de relaxamento, meditação, caminhada, natação, musculação, quer aulas em grupo ou individuais, sozinha ou acompanhada.

Escolha a modalidade com a qual se identifica mais e distraia-se, pela sua saúde.

Melhora a sensação de controlo.

Com a perda, também é comum sentir que nada se controla. É natural ter a sensação de que a vida lhe fugiu entre os dedos, que não é dono de nada nem de ninguém, até porque aquilo que dava como garantido, foi perdido e não é possível revertê-lo. Aquilo que aconteceu veio pôr em causa o mundo assumido, aquilo que achava que lhe pertencia, que dava como certo, como seguro. Deixar de sentir essa segurança, aumenta a fragilidade e a vulnerabilidade. Aquilo que ontem estava garantido, hoje não está. Aquilo que tinha como seu, afinal, não o é.

O sentimento de impotência perante a dura realidade da perda e a sensação de falta de controlo podem ser muito desorganizadores e perdurar no tempo. Algumas pessoas enlutadas sentem que nunca mais vão ter domínio sobre as suas próprias vida, o que aumenta muito o medo, inclusive da morte (sua e dos seus entes queridos), depois de uma perda significativa.

Uma das formas de regular e serenar a sensação de falta de controlo, impotência e medo da morte é através do exercício físico. A prática vai ajudá-lo a recuperar a sensação de controlo e autonomia sobre o seu corpo e rotinas.

Melhora o sono.

Já falámos aqui sobre os possíveis impactos do luto no seu sono. Algumas pessoas começam a ter alguns problemas desta ordem, como na dificuldade em adormecer, sono muito conturbado ou insónias. Também neste aspeto, a atividade física é benéfica.

O exercício físico ajuda a regularizar os padrões de sono, tanto pelo cansaço que provoca no corpo, quanto pela exposição solar, se for o caso de atividades ao ar livre. A luz solar melhora a qualidade do sono ao estimular a produção da melatonina (hormona que regula o ciclo sono-vigília).

Transmite uma sensação de bem estar.

Eu sei que é difícil dar uma gargalhada agora. Aquilo que antes era engraçado e divertido, agora não o é. Talvez, antes, gostasse de estar com a família e os amigos a conversar e a dar umas boas gargalhadas ou, talvez, fosse aquele tipo de pessoa alegre que, quando chegava, todos sabiam que a festa ia começar. Ou não. Talvez, antes, fosse uma pessoa reservada que se ria das piadas dos outros no seu canto, embora tivesse um sentido de humor perspicaz que, quando usado, era certeiro e arrebatador.

Agora que está nesse papel tão doloroso, quando recorda o passado, porventura, dá por si a pensar que não vai voltar a ser aquilo que foi. Que a alegria e a magia desses momentos nunca mais se vão repetir – porque perdeu a vontade de sorrir ou, por outro lado, porque quem mais animava esses momentos, era a pessoa que perdeu.

Não há qualquer problema em dar umas boas gargalhadas durante o luto. Aliás, sempre que ouvir algo engraçado e que lhe desperte um instante de alegria, incentivo-o a rir e bem alto. Não é desrespeitar a pessoa que ama, nem a si. Todas as gargalhadas, risadas e sorrisos são válidos e necessários para o seu equilíbrio emocional e mental, mesmo que durem só dois segundos.

Assim como não deve evitar chorar, se é essa a sua vontade, não deve conter os sorrisos e as gargalhadas.

Também neste aspeto tão importante, a atividade física é um ótimo aliado. A sua prática estimula a hormona endorfina: "endo" (interno) e "morfina" (analgésico). Conhecida como a hormona do bem-estar e da felicidade, melhora o sistema nervoso central, proporciona a elevação da autoestima, reduz sintomas depressivos e de ansiedade, para além de manter o controlo de

apetite. Os estudos sobre a duração dos efeitos das endrominas no organismo são distintos, alguns apontam para uma a duas horas depois do exercício, outros até setenta e duas horas.

Contudo, os benefícios do exercício físico vão muito para além da libertação de endorfinas. Se for ao ar livre, favorece a possibilidade de respirar ar puro e apanhar sol, o que, para além da vitamina D, contribui para melhorar o humor e bem-estar. O importante é escolher uma modalidade que goste, que o faça sentir bem e que seja adequada à sua condição física. O desporto é o antidepressivo natural mais eficaz para a sua saúde.

Relaxa pelo contacto com a natureza.

Caso não queira integrar um espaço como um ginásio ou um clube desportivo, porque tem um tempo mínimo de permanência, porque acha que será um espaço com barulho, música alta ou muito movimento, pode optar pelas caminhadas ao ar livre. Aos meus pacientes da terapia de luto, sugiro sempre esta opção e os resultados são muito positivos. No início, resistem e, às vezes, demoram algum tempo a perceber os benefícios. Mas, depois de começarem, reconhecem as melhorias. Ficam mais leves, com menos dores no corpo, melhoram a resistência física, diminuem a ansiedade, dormem melhor, têm momentos de contacto com a natureza, e até me enviam fotografias de sítios lindíssimos, que, de outra forma, não iria conhecer. Um dia destes, uma paciente minha que está nos Estados Unidos da América, enviou-me fotos de um dos seus passeios à beira-mar, rodeada de gaivotas e a alimentar pequenos veados com abóboras.

Privilegie o contacto com a natureza, repare como ela nasce, cresce e se transforma. É uma bonita analogia que pode usar para entender os ciclos da vida.

Em resumo, fazer exercício físico é a melhor forma de preparar o corpo para os tempos difíceis que tem pela frente. Quando me perguntam o que fazer para aliviar a dor do luto, a minha primeira resposta é sempre: exercício físico. O corpo é o primeiro a sentir a perda, era ele que estava mais em contacto com a pessoa que perdeu. Não eram os seus pensamentos, era o seu corpo que abraçava, tocava, olhava, ouvia aquela pessoa. Então, é por aí que tem de começar.

Tome atenção:

Seja o que for, faça. Pode fazê-lo sozinho ou em companhia. Talvez alguém com quem reside, um familiar, um amigo ou um vizinho. Alguém que seja uma fonte de motivação para os dias em que a apatia e a falta de vontade sejam maiores. Se tiver um animal de companhia como um cão, não descure as suas necessidades, aproveite e façam caminhadas juntos. Se não tiver, pode ser uma boa altura para pensar nessa hipótese!

Recordo, quando está a fazer exercício, está a cuidar do lugar onde guarda o amor por aquela pessoa tão especial. Está a cuidar das suas emoções, dos pensamentos, das recordações e dos comportamentos que dependem do seu corpo para continuarem vivos.

É provável que não sinta vontade, que esteja com dificuldades em encontrar motivação para começar, o que, eventualmente, se relaciona com tristeza, zanga, culpa ou, até, por pensar que nada o vai ajudar ou que não tem esse direito, porque a pessoa que perdeu não pode fazer o mesmo.

Caso a sua vontade de viver esteja a desaparecer, que nada o motiva, nem estimula para este género de atividades que cuidem do seu corpo, é importante que procure ajuda especializada.

Esteja atento a novos comportamentos

No início do processo de luto, há pessoas que sentem falta e outras um aumento de apetite. Há quem fique horas sem comer, salte refeições e, mesmo assim, nunca sinta fome. Comem pouco e abaixo do normal. Se este é o seu caso, procure privilegiar alimentos saudáveis como vegetais, frutas e cereais. Ainda que em doses pequenas, vá comendo regularmente, preferindo refeições caseiras, ao invés de refeições processadas.

Talvez, a vontade de cozinhar tenha diminuído, no entanto, são estas pequenas tarefas, como planear, comprar, escolher os alimentos e preparar as refeições que ajudam a estar mais ativo no presente, cuidando do bem-estar, da saúde, assim como da própria família. Com a perda, é natural que a energia e força diminuam e, na tentativa de as recuperar, que haja uma certa tendência em consumir alimentos ricos em gordura, açúcar, proteínas, refeições congeladas ou outras refeições rápidas e pré-preparadas. Embora estas opções sejam, aparentemente, mais convenientes, sugiro que dê preferência a refeições com alimentos frescos. Uma pesquisa na internet rapidamente mostra-lhe receitas saudáveis que simplificam o seu dia a dia na cozinha.

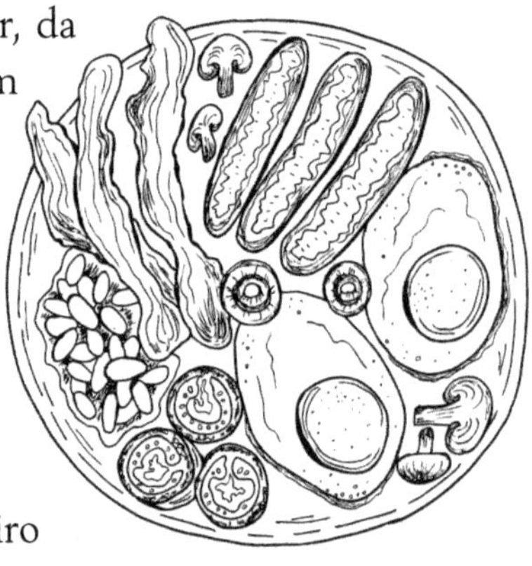

Durante o processo de luto, há quem manifeste um aumento de apetite e de peso. Perante a perda, é comum sentir insegurança, assim como a perceção de que deixou de ter controlo sobre a vida. Esta sensação pode ser a justificação para a ingestão de alimentos em excesso, como uma forma de combater a ansiedade. Depois da ingestão, há uma certa sensação de alívio, de relaxamento, de diminuição de angústia. Essa sensação não é causada pelo aumento de controlo, mas sim pelas elevadas quantidades de sangue usadas pelo sistema digestivo, que foram necessárias para proceder ao processo da digestão. A sensação é temporária, mas apelativa, levando a pessoa a procurá-la frequentemente, ingerindo grandes quantidades de alimentos. Se sente que este ciclo se repete, é provável que seja um indicativo de que precisa de ajuda profissional.

É possível que também sinta apelo por bebidas alcoólicas, em fumar ou, no caso de ter uma dependência desta ordem, aumentar os seus consumos. Saiba que este tipo de apelos não vão diminuir a sua dor. Pelo contrário, são uma forma de magoar o corpo. Comece por estar atento, repare em que alturas do seu dia ou em que circunstâncias é que sente esse ímpeto. Nesses momentos, recolha-se, observe os seus pensamentos e procure identificar que sentimentos estão a invadi-lo. Eventualmente, serão pensamentos e sentimentos desconfortáveis, com os quais está com dificuldades em lidar.

A perda daquela pessoa que tanto ama, pode ser o incentivo para tomar uma atitude diante da sua saúde e o impulso para tomar rédeas ao que não lhe faz bem. Também neste ponto, não precisa de estar sozinho, procure ajuda profissional especializada.

Os cuidados pessoais, habitualmente, costumam ser deixados para segundo ou terceiro plano durante o luto. É difícil encontrar motivos para se preocupar com o exercício físico, com a alimentação, com o descanso, com o que quer que seja. Talvez se pergunte:

– *Para quê? O que é que isso vai adiantar?*

São questionamentos legítimos. Porém, cuidar do organismo é uma das poucas coisas concretas e tangíveis que contribui para uma mudança da experiência do luto. É provável que cuidar do corpo não mude a dor, mas ajuda a reduzir o sofrimento. **Lembre-se, cuidar do corpo é um ato de gentileza com o lugar onde guarda o seu amor pela pessoa que perdeu.** É o maior ato de carinho que pode ter. Vai ajudá-lo a sobreviver, o que é a maior forma de honrar a pessoa que ama. Faça o que puder, como puder.

Tome atenção:

Identifique hábitos que possam ser prejudiciais, que precisa de mudar, e novas estratégias a usar. E, por favor, se estiver com dificuldades em os deixar, procure ajuda, nomeadamente de profissionais de saúde qualificados.

SONO, SONHOS E PESADELOS

Deitar na cama e adormecer imediatamente para algumas pessoas é normal, mas, para outras, é uma miragem. Como está o seu sono?

No início do processo de luto, a insónia é um sintoma frequente que precisa de ser tratado, até porque a qualidade e a quantidade de horas que se dorme, influenciam o equilíbrio e bem-estar. O sono é fundamental durante o luto. Não dormir ou dormir mal, interfere com a sua recuperação.

O sono é como um intervalo de tempo privilegiado para a reabilitação da sua dor, é como um espaço para o acolher, quando tudo se desmorona lá fora. Embora saibamos que é fundamental dormir, a verdade é que também neste aspeto vital, o luto interfere, reorganizando os horários. Ora deixa-nos ensonados e passamos horas a dormir, ora reduz as horas de sono a alguns minutos seguidos, ora descontrola os horários e parece que só conseguimos dormir durante o dia, depois de passarmos a noite em claro.

Algumas pessoas podem sentir que acordam muito cansadas, que despertam sempre à hora em que a pessoa amada morreu, que acordam sempre a chorar ou a procurar na cama aquele lugar, outrora, preenchido e, agora, vazio. Se acontece consigo, quero dizer-lhe que é normal.

Se precisa de dormir muito, se o seu corpo lhe pede esse descanso, é bom permitir-se a fazê-lo. Durma. Vai ajudá-lo a restaurar-se, a ficar mais saudável e mais forte, o que não é forçosamente evitar ou negar o luto, mas satisfazer uma necessidade importante, que o vai ajudar na longa caminhada que o espera.

Se, por outro lado, não consegue ou receia dormir porque teme ter algum tipo de sonho ou pesadelo, não se preocupe, nem vá contra. Aquilo que está a viver é doloroso, o seu corpo e a sua mente estão a adaptar-se à nova realidade. **Mesmo que não consiga dormir, procure repousar o máximo possível.**

Pode acontecer sonhar com a pessoa que morreu, com o momento em que recebeu a notícia, com o momento da morte, ou outro tipo de circunstâncias passadas. Há pessoas que ficam felizes por sonhar e outras mais tristes. Eventualmente, depende do conteúdo do sonho e da forma como acordam depois desses momentos. Independentemente disso, é saudável sonhar. Acorda-se triste porque o sonho acabou e dávamos tudo para voltar àquele lugar. Acorda-se aflito porque não nos conseguimos lembrar dos pormenores do sonho, embora saibamos que foi com aquela pessoa tão especial.

Nem todas as pessoas enlutadas têm sonhos recorrentes com a perda ou, depois de acordar, recordam-se desses sonhos. Porém, se é o seu caso e o deixa desconfortável sem saber o que pensar, quero dizer-lhe que também é normal. Durante os sonhos, a mente faz um trabalho profundo e delicado ao dividir em partes a realidade da perda, ajudando-o a assimilar o que aconteceu.

Algumas pessoas enlutadas, quando acordam, escrevem o que acabaram de sonhar, outras analisam os sonhos e procuram significados para a sua representação. São exercícios que podem ser muito positivos, uma vez que ajudam a encrustar a realidade da perda.

O sono é uma necessidade vital para os seres vivos, mas, no luto, nem sempre é fácil conseguir adormecer. Se é o seu caso, compreenda que alterar alguns hábitos pode ser meio caminho andado, não só para adormecer, mas também para ter um sono reparador e acordar descansado na manhã seguinte. Estabelecer rotinas é essencial, assim como a prática regular de exercício físico (evitar ao final da tarde e à noite), pode ser útil.

Mas, há mais estratégias que pode adotar nesta fase inicial do seu luto, como lhe passo a mostrar.

Hora de dormir.

Ter horários de descanso, uma hora certa para acordar e deitar, ajuda, por exemplo, a diminuir o despertar noturno. Assim como tem o seu telemóvel ou despertador programado para o acordar de manhã, para ir para o emprego ou outras atividades, programe um horário para se deitar, incluindo ao fim de semana. Criar este hábito não é difícil. O seu corpo precisa de rotinas.

As sestas são para os bebés.

Embora saiba bem fazer uma sesta durante a manhã ou no fim de almoço, é um hábito a evitar, especialmente por quem sofre de insónias. Se não conseguir resistir a uma sesta ou não tem problemas com insónias, pode beneficiar, mas, tente que seja curta – não mais do que 10, 20 ou 30 minutos e, de preferência, logo após o almoço, para que não interfira com o sono da noite.

Sono líquido.

Evite consumir bebidas com cafeína durante a tarde e a noite. A cafeína é uma substância estimulante e, como tal, inibe o sono. Evite café, assim como as bebidas com cafeína – refrigerantes ou chá preto. Prefira beber chá de ervas naturais que são ótimos aliados para combater a insónia, como a erva-cidreira, a camomila, a valeriana ou a lavanda.

Banho quente.

Outra forma de estimular o sono é tomar um banho quente, sessenta a noventa minutos antes de se deitar. Esta é uma boa forma de relaxamento. Promove um momento de reflexão/meditação consigo mesmo e, para além de diminuir as dores e a tensão muscular, o cansaço e o stress do dia, os seus músculos vão relaxar.

Consumo de substâncias.

Por falar em líquidos, o consumo de bebidas alcoólicas, para além dos conhecidos efeitos nocivos para a sua saúde, é um estimulante que vai dificultar o sono. O seu consumo deve ser evitado, assim como de outras substâncias mais fortes que possam causar dependência.

Barriga cheia.

Opte por fazer refeições ligeiras ao jantar e antes de dormir. As refeições pesadas não facilitam o processo de adormecimento e resultam num sono mais agitado e superficial. Se, antes de ir para a cama, sentir fome, opte sempre por refeições leves.

O berço.

O quarto deve ser um lugar tranquilo, silencioso, com uma temperatura amena e com reduzida luminosidade.

Os ecrãs.

Tire a televisão do quarto, assim como todos os equipamentos que nada têm que ver com o seu descanso, como computador, *tablet* ou telemóvel. Todos devem ficar fora deste lugar, que se quer sereno e acolhedor.

Se não consegue dar este passo, use-os para ouvir música suave. A exposição a aparelhos eletrónicos, antes de dormir, não favorece uma boa noite de sono. A luz emitida pelos ecrãs bloqueia a produção de melatonina (hormona que regula o ciclo sono-vigília). O que normalmente acontece, quando se usa estes aparelhos antes de dormir, é que as pessoas se abstraem da sua dor, gerando a perceção errada de que as ajuda a adormecer.

Dormir é muito importante para o ser-humano. Mais do que nunca, nestes momentos iniciais do processo de luto, cuide do seu sono. É verdade que não há um mínimo de horas para um sono reparador – para algumas pessoas são sete a oito, para outras, cinco a seis são suficientes – de acordo com a estrutura biológica de cada um. De igual forma, para se dormir bem, não é preciso deitar-se cedo.

Se estas recomendações não ajudarem, considere procurar ajuda profissional.

As Emoções e os Sentimentos no Luto

"A pessoa que morre não leva consigo a história de vida que compartilhou com aqueles que conviveram com ela, e para quem se tornou importante ao longo da sua vida."

Arantes (2019)

COMO VIMOS ANTERIORMENTE, no início do processo de luto é possível que sintamos diferentes emoções em resposta à perda. Generalizando, podemos dizer que há algumas manifestações mais comuns, como a tristeza, o choro, a raiva, o choque, o desânimo, o desgosto, o medo, a preocupação, o protesto, a inquietação, a angústia, a culpa, a solidão, o sentimento de abandono, a ansiedade, o desamparo, o desejo de estar com a pessoa amada, a oscilação de humor, a saudade, entre outros. Mas...

Nem todos sentem o mesmo

Nem todas as pessoas sentem o mesmo, nem se manifestam da mesma forma, por isso, usamos o conceito de "manifestações" e não de "reações". A palavra *reação* na língua portuguesa significa ato ou efeito de reagir, ou seja, implica movimento e ação, mas, no luto sabemos que nem todas as pessoas reagem propriamente. Logo, este conceito seria uma forma de excluir quem o vivencia dessa forma. Por outro lado, a palavra *manifestação* parece mais adequada, pois remete-nos para uma abrangência maior, por englobar todas as formas de expressão, independentemente da ação ou da sua intensidade. Seguindo esse raciocínio, neste livro usaremos o conceito de *manifestação* para nos referirmos às respostas desencadeadas pelo processo de luto, uma vez que todas são válidas. Independentemente da forma como está a viver a perda e as emoções que sente, todas elas são importantes.

Não é por estar a sentir o que está a sentir, que não é forte.

Não é por sentir a dor da perda dessa maneira que é mais fraco do que aqueles que não se expressam da mesma forma. Talvez fosse oportuno mudarmos a forma como entendemos o que é ser forte quando estamos de luto. Ser forte durante o luto não é esconder o sofrimento, fazendo de conta que não se está incomodado com a perda ou mostrando aos outros que está tudo bem.

Ser forte é ter a coragem de sentir, é ser honesto com o impacto que a perda está a causar, é ser capaz de libertar a dor através das suas emoções, sempre que for necessário, assim como ter a capacidade de se conter, quando um determinado contexto ou situação o exige.

Tome atenção:

Ser forte também é ser vulnerável. Ser vulnerável não quer dizer que a pessoa está mal ou que está a viver mal o seu luto. De igual forma, ser forte e querer mostrar que não está em sofrimento, não significa que a pessoa está a sofrer de forma saudável aquela perda. Expressar a dor através das emoções e dos sentimentos é saudável.

Por vezes, quando estamos de luto, podemos sentir que o melhor é guardar tudo para nós e evitar mostrar os nossos sentimentos de dor à frente dos outros, seja perante o meio familiar, seja com os amigos ou com os colegas de trabalho. Não o fazemos porque os outros nos veem como fracos, como alguém que lida de forma negativa com a perda ou que não tem recursos internos suficientes para gerir a sua dor.

Estas pessoas que têm este tipo de julgamentos, estes que esperam de nós determinados comportamentos e atitudes, não percebem, mas, nós sabemos o que andam a falar e a pensar. Não o dizem descaradamente, mas mostram-no no olhar e na palmadinha que nos dão nas costas. Que bom que era que soubessem que não é por estarmos de luto que deixamos de reparar naquilo que fazem.

Reparar, dói e acaba por reprimir e silenciar, levando a que se perca a coragem de expressar o que vai no coração de quem sofre.

Ainda assim, incentivo-o a procurar pessoas com quem possa conversar. No meio da sua redes de contactos, há sempre alguém que é bom ouvinte, que não o vai julgar e permitir-se a sentir aquilo que guarda no coração.

Chorar a tristeza

"Nunca pensei que fosse tão mole, tão chorão. Passo os dias a chorar, estou sempre com as lágrimas a cair, não as controlo, elas caem seguidas. Acordo a chorar, tenho a almofada toda molhada. Durante o dia, tudo me faz chorar, estou sozinho, choro, as pessoas olham para mim e nem precisam de me dizer nada, que eu choro logo. Não percebo como é que eu consigo fazer isto, não sei onde vou buscar tantas lágrimas. Sinto-me um fraco, sempre a chorar desta maneira. Desde que aquilo aconteceu, não houve um dia em que eu não tenha chorado."

Chorar, estar triste, suspirar, dar gemidos e lamentar são expressões de sofrimento muito comuns e naturais no luto. Quando vemos alguém chorar, podemos sentir um forte ímpeto para a animar, a distrair e tirá-la daquele estado. No entanto, chorar não faz mal, não é lesivo, não produz danos, nem é prejudicial. Pelo contrário, é tão natural, saudável e perfeito que o nosso corpo até nasce com orifícios para o efeito, nos nossos olhos. Já reparou?

Quando quero explicar a importância do choro aos meus pacientes ou alunos, falo-lhes sempre dos estudos do bioquímico e farmacologista William Frey, fundador do Centro de Pesquisa de

Alzhemeir e hoje Diretor do Centro de Pesquisa de Alzheimer no Regions Hospital, em St. Paul, Minnesota. Nesses estudos, o autor mostra-nos que nos contextos em que as emoções estão na origem do choro (como perante uma perda significativa), ao contrário do que ocorre com as lágrimas que caem em resposta a estímulos físicos (usando o exemplo do autor, como quando cortamos uma cebola), a composição química dessas lágrimas contém várias hormonas de stress, incluindo a prolactina. Estas hormonas têm um papel importante na preparação do corpo perante um contexto ameaçador ou uma situação de stress. A função delas é ativar os recursos pessoais, para que a resposta à ameaça ou stress seja mais eficaz e efetiva.

É o mesmo que dizer que chorar é um processo neurofisiológico universal e que ajuda a responder a situações de ameaça, de insegurança, de dor, o que inclui, naturalmente, as experiências de perda. A libertação das lágrimas e das hormonas associadas ao stress é tão importante, incluindo para a nossa saúde, que quando não são expelidas do nosso corpo, podem tornar-se tóxicas e nefastas. Sabia? Como diria o psiquiatra britânico Henry Maudsley, *"a tristeza que não encontra escape nas lágrimas, pode fazer os outros orgãos chorar"*.

Chorar é um mecanismo de libertação sem efeitos secundários. É saudável e tem impacto favorável. Entre as suas vantagens, temos:

- alívio da tensão;
- relaxamento da musculatura;
- diminuição a pressão arterial e sanguínea;
- efeito sedativo e antidepressivo;
- melhoria do ânimo;
- função social não verbal de pedir ajuda;
- função emocional/relacional convidando à compaixão;
- alerta para a necessidade de apoio e colabora, favoravelmente, na elaboração da perda;

- transmite sensação de calma e tranquilidade, apesar de ser, aparentemente, desagradável e sinal de fraqueza.

Por maior e mais intensa que seja a sua vontade em fazê-lo, não há sinais para alarme. Se pensa que por chorar muito está a piorar, ou o seu luto está a agravar, quero dizer-lhe que esse choro é indispensável para que ocorra a cicatrização da sua ferida. Tem o direito de estar triste e de chorar pelo que lhe aconteceu.

Mesmo que lhe digam que anda a chorar demasiado ou que não faz bem, não se iniba de expressar a sua dor. Esse género de expressões são mais sobre quem as diz e o facto de não saberem lidar com as suas lágrimas, do que sobre si, que tanto precisa de chorar.

Este é outro ponto que todos precisamos de melhorar. Sempre que vemos alguém chorar, o primeiro impulso é tentar acalmá-lo, distraí-lo, tentar resolver o problema, aligeirar a situação com palmadinhas nas costas e sugestões de que não deve chorar tanto. Mas, a verdade é que chorar ajuda a expulsar a dor, a pôr para fora toda a falta que aquela pessoa faz.

Deixe cair as lágrimas. Deixe-as descer pelo seu rosto marcado pela vida. Deixe-as percorrer esse caminho que só é delas e que elas conhecem tão bem. Deixe-as existir. Elas têm uma função muito importante e precisam de a cumprir, pela sua saúde.

Incapacidade de Chorar

Se, ao ler o ponto anterior, ficou preocupado porque não sente vontade de chorar ou acha que devia chorar mais do que chora, quero dizer-lhe que há algumas formas de o estimular, caso seja importante para si. Talvez dê por si a julgar-se como uma pessoa insensível, a pensar que é indesculpável não chorar, que está a trair a memória da pessoa que ama por não se manifestar como os outros, que não sabe o que fazer para que seja diferente. Se assim é, quero dizer-lhe que ninguém é igual no luto.

Quero assegurar-lhe que, dada a intensidade da dor, dada a sensação de vazio e de todas as mudanças associadas à perda, há muitas pessoas que têm a mesma dificuldade em sentir e manifestar as suas emoções, como a tristeza e o choro, embora todas consigam e retirem benefícios em chorar.

Tome atenção:

Se perante uma dormência emocional, tem sentido a necessidade de procurar outras formas como o consumo abusivo de álcool ou outras substâncias, adições, atividades de risco, sexo desprotegido, automutilação, entre outras. Nestes casos, é altamente recomendada a procura de ajuda profissional, bem como quando há uma condição de saúde mental ou emocional prévia que afetam a conexão com as suas emoções.

Algo que também o pode ajudar é refletir sobre este tema, tentando analisar e identificar a origem para esse embotamento. Procure perceber se está associado a algum momento do seu passado ou a alguma crença ou convicção de que não deve chorar e quais os motivos.

Ao longo da nossa vida, é comum ouvirmos e/ou dizermos a nós mesmos algumas expressões como as seguintes: não chores, para de chorar, os homens não choram, chorar não traz os mortos, chorar não ajuda, devias ter vergonha de estar sempre a chorar, não sejas chorona, nunca mais vou chorar por ninguém, ninguém merece as minhas lágrimas, entre outras. Embora não sejam ditas com o propósito de magoar, ouvir dos outros ou de nós mesmos este género de comentários, de facto, pode influenciar e inibir a expressão de dor.

Tal como a origem pode estar relacionada com circunstâncias do passado, também pode estar associada ao momento atual e presente, como uma estratégia de evitamento para não estar em contacto com a sua vulnerabilidade. Se, refletindo, reconhece que é o seu caso, incentivo-o a tentar deixar de lado esse evitamento. Se não conseguir sozinho, considere procurar um profissional. As lágrimas são importantes veículos de bem-estar e vão ajudá-lo a viver de forma mais equilibrada a sua dor.

Há algumas estratégias que pode tentar aplicar ao seu dia a dia para se conectar com as suas emoções. Mais uma vez, lembro que só vai saber se elas resultam, de facto, se as experimentar. Não assuma, logo à partida, que não funcionam consigo sem as ter experimentado.

O colo do outro.

Ter uma rede de apoio formada por pessoas de confiança composta por familiares, amigos e/ou profissionais, ajuda a que se sinta mais confortável e consiga expressar os seus sentimentos. Converse com eles sobre o que sente, como tem sido difícil aquilo que está a viver e esteja recetivo a receber o apoio que eles têm para lhe dar. Através dessas conversas e partilhas, vai começar a reparar no que está a sentir, assim como dar-se conta daquilo que precisa para recuperar o seu bem-estar emocional. Às vezes, é mais fácil com outros ao nosso lado. Quem sabe, se não é numa dessas conversas, a falar sobre um assunto mais doloroso ou até mais ligeiro, que sente vontade súbita de chorar.

Falar com a dor.

Fale consigo mesmo quando estiver com o coração mais apertado. Ponha palavras nas suas emoções, descreva aquilo que está a sentir no seu corpo, como está a doer, como aperta no peito, como é essa saudade.

Diga a si mesmo e em voz alta como se está a sentir quando as emoções começarem a surgir. No início, pode ter alguma dificuldade em encontrar as palavras certas para descrever o que está a sentir, mas, com a prática, tornar-se-á mais fácil. Quando observa e começa a dar nome ao que sente, vai permitir-se a estar consigo na dor, o que ajuda a libertar a tensão. Estar num ambiente sereno, num lugar calmo, a ouvir música ou em silêncio, pode colaborar para que o choro ganhe forma.

A arte de chorar.

A arte nas suas diversas expressões é um veículo para conectar com as suas emoções. Se gosta de escrever, por exemplo, considere fazer um diário sobre as diferentes situações do seu dia a dia. Escrever sobre si, sobre outras pessoas e acontecimentos, vai ajudá-lo a reaproximar-se das emoções. Comece de maneira simples, escrevendo livremente sobre o que lhe vier ao pensamento. Com a prática regular, quebra o desconforto inicial e abre o coração às emoções. Quem diz escrever um diário, diz escrever poemas, um conto, a letra de uma música. Quem diz escrever, diz outras práticas artísticas como pintar, compor uma música, coreografar uma dança, bordar, tecer, fazer uma peça de olaria, ou outra atividade de que gosta ou que lhe faz lembrar a pessoa que perdeu. Deixe-se levar pela arte e pela criatividade.

Aos olhos do coração, a arte é emoção pura. Não pense demais, sinta e deixe fluir todas as emoções que tem guardado dentro de si.

Lugar para chorar sozinho.

Tal como é benéfico ter um colo amigo para chorar, também é benéfico chorar sozinho. Ambos são importantes e não se substituem. É bom ter um lugar seguro, de recolhimento, como o quarto ou a garagem, onde se possa sentir confortável para expressar a dor e ficar vulnerável sem interrupções. Muitas pessoas enlutadas aproveitam o momento do banho para chorar, por estarem sozinhas e mais à vontade. Para além de disfarçar o rosto inchado e os olhos vermelhos, é um bom momento pelo contacto com a água, por despertar grande relaxamento emocional. Permita-se, deixe acontecer. Não pense demasiado, respire fundo e deixe sair.

Algumas pessoas enlutadas encontram este lugar no carro durante a condução. Por vezes, é o único momento do dia em que estão realmente sozinhas e, enquanto ouvem música, acedem a estados de grande emotividade. Embora seja positivo entrar em contacto com as emoções e ter um lugar confortável, a verdade é que, durante a condução, não é recomendável. Pelo contrário, é sugerido que pare de conduzir em segurança e só retome quando acalmar. Se sabe que isto lhe acontece com regularidade, procure conduzir sempre acompanhado e evite determinadas músicas, escolhendo, por exemplo, canais de rádio informativos ou *podcasts* que nada tenham que ver com o assunto que origina a sua dor.

Exercício 4:

Aqui, pretendo que se dedique um momento ao que dói e se proponha a pensar na possibilidade de mudar ou ajustar alguns aspetos que incentivem a expressão das suas emoções. Não o faça com pressa. Escolha fazê-lo num local tranquilo e confortável, em silêncio e sozinho. Escreva as respostas ou simplesmente reflita sobre elas. Não há respostas certas ou erradas.

1. Permito-me estar sozinho com a minha tristeza e chorar à vontade? Se sim, quando é que o faço e com que regularidade?
2. Tenho ou posso criar um lugar especial e recolhido onde possa chorar, sem ser incomodado, caso precise? Que lugar é esse e como é?
3. Em que momentos do dia, preciso de estar sozinho nesse lugar especial?
4. Como me sinto durante e depois de estar sozinho a chorar à vontade.

Sim, É Raiva

"Dias depois da morte da minha mãe, tocares à campainha da minha casa com um Tupperware de rissóis a dizer que eram iguais aos que a minha mãe fazia, a dizer-me que eu devia ficar animada e comer um, enquanto ficas a olhar para mim com esse ar de esperta, não me ajuda em nada. Esperar que eu tenha paciência para ouvir as tuas queixas e histórias de como andas ocupada e cheia do teu marido, esperar que eu aguente estar contigo porque não vês que a nossa amizade mudou desde que a minha mãe morreu, é muito mais do que aquilo que eu posso aguentar. Quando digo que não quero que vás ao cemitério pôr quadros e flores, que a minha mãe nem sequer gostava, é porque não quero que vás lá mexer. É a minha mãe, aquele lugar é sagrado e ninguém tem o direito de ir lá mexer. Posso levar os ramos que quiser e quantos me apetecer, se me apetecer levar dois novos

por dia, levo! Estou farta que me digas que ando a exagerar, que as pessoas falam daquilo que eu faço, que comentem o que eu lá ponho ou por ir lá mais do que uma vez por dia. Não quero saber dessas pessoas para nada, não lhes peço nem devo nada. Quando digo que não quero estar com outras pessoas, que não quero ir lanchar à pastelaria, acredita, eu sei o que posso e o que não posso enfrentar. Eu sei os meus limites. A minha vontade é deitar-me na cama, fechar os olhos e adormecer para sempre, mas não posso fazer isso, contigo aqui, a olhar para mim, assim, com esse ar crítico, a dizer que tenho de ter calma. A dizer que não me posso enervar e que agora estou sempre zangada e com raiva de tudo. Mas o que é que tu achas? É claro que estou com raiva. A MINHA MÃE MORREU!! *Por isso, deixa-me em paz. Vai-te embora e volta quando quiseres ouvir-me em silêncio. E não me mandes mensagens a dizer que estás disponível e que, se eu precisar, posso chamar por ti, porque não é totalmente verdade. Sai daqui e volta quando estiveres disposta a ficar ao meu lado quieta a ouvir. E não tragas mais rissóis. Eu nunca mais vou comer rissóis na vida. Como é que te passou pela cabeça que os teus rissóis são iguais aos da minha mãe? Pareces tolinha. Não voltes a comparar a minha mãe com mais nada, nem ninguém. Ah, e ainda te quero dizer mais: isto não é transmissível nem contagioso. Eu não te vou contagiar com a morte da tua mãe. Eu sei que tu não sabes o que me deves dizer, há uns meses, eu também não saberia, mas quero dar-te um conselho: não venhas com frases feitas que viste num livro qualquer ou nas redes sociais. Não me mandes mais vídeos e* posts *a dizer que isto vai passar, que tenho de ser forte, que a minha mãe não me ia querer ver assim, ou que agora ela está num lugar melhor. É isso, e quando começas uma frase a dizer "pelo menos… pensa que…" Pelo menos, nada! Se voltas a fazê-lo, bloqueio-te no telemóvel. E mais, quando me vires a ver os vídeos e as fotos da minha mãe, deixa-me em paz. Eu preciso disso, eu preciso de falar dela, eu preciso que tu fales dela. Não vês que estou assustada e que tenho receio de me esquecer da sua voz, que a hipótese de que ela seja esquecida ou, que eu mesma acabe por me esquecer, me deixa em pânico?"*

Como falámos anteriormente, quando estamos de luto é comum parecer que andamos com uma balança de dois pratos. Ora temos momentos orientados para a dor, com manifestações que incitam o contacto com o sofrimento da perda; ora temos momentos orientados para a reparação , que nos incitam a desligar desse estado de dor. É viver, constantemente, numa montanha russa.

Temos falado aqui de muitas manifestações e, já sabemos neste momento, que todas são importantes, porque todas têm um objetivo, uma função. Importa o leitor identificar quais são as suas e fazer algo com isso.

Neste ponto, vamos falar de duas manifestações – a raiva e a zanga durante o processo de luto. Para o leitor podem existir diferenças entre estes dois conceitos, mas, neste propósito, vamos tratá-los como semelhantes para uma melhor explicação. Frequentes em muitos processos de luto, representam uma importante expressão de dor, perante a falta e a ausência daquele que foi perdido. São como gritos perante a falta de respostas, porque mais nada, nem ninguém, é capaz de satisfazer as necessidades emocionais, materiais ou de um dano recebido.

Tome atenção:

A raiva e a zanga não são capricho. São emoções primárias, isto é:

- biologicamente determinadas (nasceram connosco);
- primariamente adaptativas (dão informação sobre o que estamos a sentir);
- atiradoras fisiológicas (preparação para a ação);
- organizadoras do pensamento e do comportamento;
- regulam a interação social.

Embora a reputação não seja a melhor, a verdade é que podem ser muito úteis e mais relevantes do que se pensa. Em boa verdade, são tão importantes que têm uma função de sobrevivência, pois são o reflexo da insatisfação das necessidades da pessoa enlutada, perante a ausência de respostas a uma demanda específica ou implícita.

É claro que perante a perda podemos sentir frustração, desamparo e falta, logo, é natural e comum que sintamos raiva e zanga. Muitas vezes guardamos esses sentimentos, mas, noutras circunstâncias, acabamos por dirigi-los aos outros. Essas manifestações de irritabilidade assumem várias formas de expressão como comentários negativos e/ou sarcásticos, através de comportamentos passivo-agressivos ou explicitamente agressivos. **E é aqui que o leitor deve atender, pois se a tristeza é uma emoção que nos liga à dor, a raiva parece ter o papel de nos desconectar.**

O que não quer dizer que seja mau ou que a raiva deva ser evitada. Tal como a culpa, a raiva não tem propriamente boa fama, mas, não é por isso que devemos evitá-la, entrar em aflição quando vemos uma pessoa enlutada a mostrar enfurecimento ou até pensar que a pessoa está a regredir no seu processo de luto.

Porque, digam-me a verdade, quando vemos alguém enraivecido, a nossa tendência é ficar um pouco assustados e apavorados, sem saber muito bem o que fazer. É pensar imediatamente que a pessoa que está à nossa frente não está bem, que piorou ou agravou e fazer de tudo para que se acalme, reverta a situação, dizer coisas que serenem e eliminar tal desassossego. Claro que as intenções são boas, mas, a questão é: a pessoa enlutada deixa de sentir raiva e zanga porque os outros lhe dizem para não sentir?

É assim tão fácil deixar de sentir uma emoção biologicamente determinada? Basta ouvir a opinião ou a ordem dos outros para parar imediatamente de sentir raiva? Há um botão que a desliga? Nós zangamo-nos porque perdemos uma pessoa importante e deixamos de estar só porque nos pedem?

"Não fiques assim, tudo acontece por um motivo. Tu tiveste muita sorte por a teres tido na tua vida, ela teve uma vida tão bonita, enquanto cá esteve. Pelo menos tu tiveste uma filha, eu não posso ter. Não estejas tão zangada, a vida é isto, não somos nada. Agora tens um anjinho a olhar para ti e ela não queria ver-te assim, tens de te animar."

As coisas que nós ouvimos quando estamos de luto, não é? Como se não bastasse toda a confusão que vai na nossa cabeça, ainda temos as perguntas, a falta, o vazio, o desespero e o desamparo. Muitas vezes, é tanto o sofrimento que basta alguém dizer uma palavra para a nossa reação ser muito expressiva e, aparentemente, exagerada. É tanto aquilo que guardamos dentro por não sabermos gerir a nossa dor e raiva que, quando abrimos uma brecha, ela transforma-se em chave mestra e abre todos os portões.

A raiva é uma expressão natural no processo de reconhecimento e aceitação perante aquilo que nos aconteceu, perante aquilo que queríamos e não temos. Na verdade, desde pequenos que nos estimulam a lutar pelo que queremos e é nosso.

Estávamos nós no berço e já a nossa mãe pegava na chupeta e dizia: "diz mamã e eu dou-te a chupeta", e nós, sedentos daquele objeto tão importante para o nosso bem-estar, começávamos a balbuciar, a pronunciar sons sem nexo, a exprimir frustração porque não tínhamos o que queríamos. Reclamar, ficar enraivecido e zangado é uma resposta universal, nasce connosco e é o reflexo da dificuldade em aceitar a realidade. É uma reação instintiva, à semelhança da criança que sente que o que mais precisa no mundo lhe foi tirado.

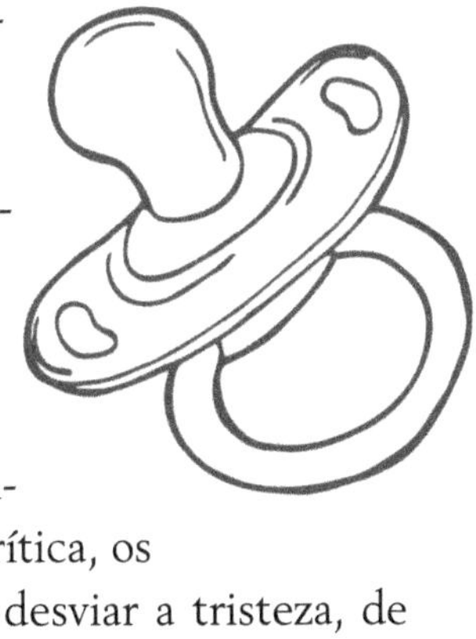

Como estamos muito tristes, a raiva, a zanga, a amargura, o ressentimento, a revolta, a crítica, os pensamentos persistentes são uma forma de desviar a tristeza, de encobrir a falta e o desespero do luto.

– *Como é que isto pode acontecer? Não é justo!*

Por baixo da raiva, há tristeza, dor e muitas lágrimas por chorar. Quando estamos de luto, podemos agarrar-nos aos que nos fere, à fúria, às irritações, ao ódio, ao desejo de vingança, às reivindicações, à culpa, à agressividade, à obsessão, à violência, à amargura de forma muito intensa porque, de alguma forma, também sabemos que quando o fazemos, não estamos em contacto com a dor.

Como dói muito estar em contacto com o sofrimento, quem está de luto desvia o foco e centra a sua atenção naquilo que enraivece e zanga. Se ao invés de pedirmos à pessoa enlutada para se acalmar, nos sentássemos em silêncio a ouvir sem julgar, provavelmente, essa pessoa ia falar da sua dor e sentir-se-ia mais ajudada.

A Raiva que me move

Ao contrário de outras manifestações que despertam na pessoa enlutada estados sem vivacidade, a raiva tende a estimular movimento e ação. Pode, aliás, ser uma resposta adequada que facilita a energia para expressar necessidades, promover mudanças, ajudar a tomar decisões e, até, a estabelecer limites.

A raiva pode ser a porta de entrada para a pessoa enlutada sair da cama todas as manhãs. Para calçar os ténis e fazer uma caminhada porque está farta de estar fechada em casa. Para tomar banho porque está saturada de sentir o cheiro da falta de higiene. Para retomar o emprego porque precisa de se distrair. Para ter uma conversa com o marido e explicar como se sente desautorizada e sozinha. Para ir à igreja e ter uma conversa sentida com Deus. Para tratar dos pertences da pessoa perdida porque vê-los diariamente aumenta a dor.

No processo de luto, todas as emoções são adequadas, por mais irracionais ou intensas, desde que sejam expressas e não magoem ninguém.

Para melhor aprender com a raiva que possa estar a sentir, vou partilhar consigo alguns testemunhos, com os quais talvez se identifique:

Raiva dirigida a nós mesmos:

"Eu não fiz tudo o que podia, podia ter feito mais. Lembro-me que ele me telefonou, naquele dia, e disse que queria conversar comigo. Eu, ao invés de parar o que estava a fazer e dar-lhe atenção, respondi que lhe ligava mais tarde. E, mais tarde, foi demasiado tarde... foi nunca mais. Tenho raiva de mim mesmo por não ter estado disponível naquela hora e, o pior, é que eu nem estava muito ocupada. Só não quis parar o que estava a fazer. Eu sabia que ele andava doente, mas não liguei. Como é que eu fui capaz de fazer uma coisa destas? Ele morreu sem me dizer o que queria e nunca mais vou saber o que era.

Raiva contra aquela pessoa que perdemos:

"Eu não consigo dizer isto em voz alta, tenho vergonha e sei que está errado. Ele não morreu porque quis. Ele adorava viver e nós éramos um casal fusão. Éramos uma fusão desde aquele dia em que nos conhecemos. Éramos tudo um para o outro. Tínhamos tantos planos e projetos. Como é que ele me deixou aqui sozinha? A mim e aos nossos filhos. Às vezes, penso que ele desistiu de viver e culpo-o por não ter lutado mais... por me deixar assim, nesta situação."

Raiva contra Deus:

"Toda a minha vida fui uma pessoa religiosa, fui catequista, estava no grupo de jovens, fui uma pessoa de bem e de fé. Sempre ajudei o próximo e fui misericordiosa. E agora Ele faz-me isto assim?

Porquê? Deus é injusto. Não compreendo porque é que ele teve de morrer. Dizem-me que ele agora é um anjo no céu. Dizem-me que tenho um filho que é um anjinho que está ao lado de Deus. Mas que Deus injusto é este que levou o meu filho, que o levou da minha beira para o ter consigo? Ele devia saber como é duro perder um filho. Nunca me passou pela cabeça que isto me fosse acontecer. Eu sei que não devia pensar desta forma, mas não consigo evitar. Não consigo ir à igreja, não consigo falar com Ele. Estou zangada e tenho motivos para isso".

Raiva contra família:

"Não percebo como é que ele consegue seguir a vida como se nada tivesse acontecido. Agora no Natal, quer fazer uma festa e diz que vai convidar mais família, porque temos de seguir em frente. Era a minha filha que tratava sempre de tudo no Natal. Ela era uma alegria, sempre com um sorriso, sempre bem-disposta, era a luz da casa. Era ela que dava sentido a tudo... até ao Natal. Vê-lo todo animado, deixa-me enervada, e só me apetece gritar-lhe: "olha lá, tu não vês que isso é ridículo? Não vês que não há nada para festejar? O Natal acabou. Comigo não conte."

Raiva contra amigos:

"Já lhes disse que ninguém pode pôr flores e quadros na sepultura da minha mãe. Escolhemos a campa, a cor, as floreiras e um anjinho para a cabeceira. Está como a preferimos e não quero que lá vão pôr mais nada. Se quiséssemos lá quadros e mais flores, tínhamos posto. Queremos tudo simples, era assim que a minha mãe ia querer. Agora, no dia dos finados, encheram a campa de flores... mas quem é que lhes deu autorização? Eu tinha mandado fazer um ramo lindo de flores brancas como ela gostava e, quando cheguei lá, estava cheio de flores vermelhas e amarelas. Mas quem é que lhes deu ordem? Cheguei lá e tirei tudo... quero lá saber. Mostravam mais que gostavam

da minha mãe se às vezes ligassem ao meu pai a perguntar como ele está, se o convidassem para uma caminhada, para beber um café. Isso, sim!"

Raiva contra profissionais de saúde:

"Não me sai da cabeça a cara daquele médico. Eu nunca o tinha visto, mas se hoje passasse por ele, eu sabia que era ele. Quando chegou à minha beira e disse que fizeram tudo, quando eu sei que não foi bem assim... Eu sei que houve alguma coisa que falhou, ela estava bem. Naquela hora, fiquei sem chão, caí no corredor e até me deram um calmante ou lá o que foi. Mas se fosse hoje... ai se fosse hoje. Só queria ter uma conversa com aquele médico."

Raiva contra supostos culpados:

"Eles são os culpados. Andavam sempre a apertar com ela para trabalhar mais horas. Como era muito boa a fazer aquilo, estavam sempre a explorá-la. Sempre a pedir mais, sempre a pedir para dar horas extra. Eu não gostava de ver aquilo e dizia-lhe, "isto não tem jeito nenhum, não precisas disso, eles que contratem mais gente". Mas ela não gostava de falhar e acabava sempre por ceder. E claro, aquilo matou-a. Foram eles que a mataram. Já falei com outras pessoas que lá trabalham e todos dizem o mesmo: "era boa demais e eles aproveitaram-se dela."

"Ele anda aí à solta como se nada fosse. Ainda um dia destes o vi na rua de cabeça levantada. Mas o meu irmão não... o meu irmão morreu. Morreu por causa daquele bêbado que ia a conduzir sabe Deus como. Ele matou-o. O julgamento é no próximo mês e já sei que não vai dar em nada. Mas eu quero justiça. A justiça tem de ser feita. E eu só penso, "porquê? Porque é que ele saiu naquela noite? Porque é que tinha de ir naquela estrada àquela hora? Ele nunca vinha para casa por aquela estrada, nunca. Porque é que naque-

la noite resolveu ir e foi logo aparecer aquele homem descontrolado contra ele?"

Raiva contra desconhecidos:

"Eu não sei o que lhe chamar. Nunca fui uma pessoa invejosa, nunca quis nada dos outros, mas ver as mães com bebes recém-nascidos na rua, tira-me do sério. Porque é que elas podem e eu não? Agora, sempre que vou à rua, parece que só vejo grávidas e casais felizes com um carrinho de bebé. E lá andam todos felizes, radiantes com a novidade. E eu não tenho, porquê? Porque é que eles podem e eu não? E depois ainda vêm falar comigo, aqueles que sabiam que eu estava grávida, porque já se notava bem, olham para mim e ficam à espera que eu explique o que aconteceu e, pior, ficam à espera que eu fique feliz pela felicidade deles."

"Quando vou na rua e vejo tantas pessoas com vidas miseráveis só penso: "que vida é aquela? Que fazem eles nesta vida, para que servem? O que é que os prende aqui? Aposto que muitos deles pensam o mesmo e até desejam a morte." Eu sei que é um pensamento odioso e que eles não me fizeram nada para eu pensar assim... mas não consigo evitar. Tanta gente neste mundo que quer morrer porque a vida não tem sentido. E foi morrer ele... Porquê? Que justiça é essa? Alguns deles estão sozinhos no mundo, não têm nada, nem ninguém. Mas ele tinha e faz muita falta".

Lendo estes testemunhos de pessoas enlutadas, talvez o leitor se identifique com alguns ou, talvez, tenha dado por si a pensar que estar assim zangado e enraivecido não adianta, porque não vai mudar a realidade, nem trazer a pessoa de volta. É neste ponto que recordo que a raiva e a zanga são emoções naturais e fazem parte da nossa condição humana. Sentir e expressar aquilo que sentimos e pensamos é importante e necessário no luto, desde que não magoe ninguém.

Ainda que desajustado, impróprio, inoportuno e inadequado devemos permitir a sua expressão. Não há nada de errado naquilo que pensa e sente. Procure expressar esses pensamentos e sentimentos tão difíceis junto de uma pessoa amiga que saiba ouvir, sem julgar. Uma pessoa amorosa que apoie, que encoraje a partilha, que o estimule a explicar o que guarda, aquilo que lhe causa dor. Uma pessoa de confiança que o estimule a descomprimir, a aliviar esses sentimentos, a soltar e a descarregar esse sofrimento.

Ter um lugar seguro que acolha tudo o que sente, mesmo que lhe pareça ser estranho ou bizarro, vai ajudá-lo. Deixo, contudo, a sugestão de que não o faça junto de pessoas vulneráveis como as crianças, jovens adolescentes, ou até dos seus filhos. Estes podem não compreender, especialmente se forem muito pequenos, e ficarem a pensar que não os ama, que os culpa pelo sucedido, que gosta mais dos outros filhos ou da pessoa que perdeu.

É legítimo ficar zangado.

Algumas pessoas enlutadas ficam zangadas consigo mesmas porque acreditam não ter feito tudo o que tinham ao seu alcance, outras, com a pessoa perdida porque se sentem abandonadas. Se se identifica e admite que aquilo que sente é raiva ou zanga, entenda que isso também é amor.

Essas emoções e sentimentos, tão difíceis de lidar, são um sinal óbvio de amor e dor pelo que aconteceu. Recomenda-se que comece por reconhecê-lo, não tem mal nenhum. E, igualmente importante, dê, a si próprio, permissão para o sentir e mostrar, se for necessário. Por mais inadequado e desajustado que lhe pareça, desde que não magoe ninguém, é um direito seu.

Proteste.

Tome atenção:

Se reparar que o estado de raiva não serena com a passagem do tempo, que o desejo de vingança não diminui, bem como a fúria, a irritação, o ódio, a culpa, a agressividade, a obsessão, a violência ou a amargura, e também as suas relações familiares, de amizade ou de trabalho, deve procurar a ajuda de um profissional habilitado. Embora estes sentimentos sejam comuns no luto e tenham um papel importante na elaboração do processo, não deixe que se apoderem ou tomem conta de si.

Se está constantemente a reclamar, a resmungar, a criticar, a queixar-se, se está amargo, continuamente irritado, ressentido, ou se perde a paciência e a calma com pessoas que nada têm que ver com o que aconteceu, se as pessoas mais próximas o tentam alertar ou evitam estar consigo, tenha particular atenção e peça ajuda.

Tenho Medo

"Não sei como vou voltar para casa. Não consigo ficar lá sozinha, parece que ouço as portas a abrir e passos no corredor."

"Tenho medo que ele esteja com frio. Será que ele tem frio? Ele sempre foi muito friorento e agora está debaixo da terra gelada no escuro."

"Tenho medo que ela esteja triste comigo por estar a conseguir viver sem ela."

"Eu só tinha medo que ela estivesse a sofrer. Os médicos diziam-me que não, mas era o meu único medo. Não queria que ela sofresse."

"Sempre que ouço a sirene de uma ambulância, fico muito assustada, penso logo que vai acontecer alguma coisa outra vez, fico agitada e começo a sentir o coração a disparar."

"Agora não largo o telemóvel, ando sempre com ele e tenho de atender mal me telefonam. Só tenho medo de não estar lá para ajudar. Se estou ocupada e não ouço o telemóvel a tocar, fico inquieta e enquanto a outra pessoa não me atende, parece que o mundo vai acabar. E acaba, dentro de mim naqueles segundos de espera, acaba tudo."

"Perdi a minha irmã e tenho medo que a minha mãe morra de tanta tristeza."

"Tenho medo que ela não me perdoe por não ter conseguido despedir-me."

Antes da ocorrência da morte ou nos tempos seguintes à perda, é comum sentirmos medo, insegurança, inquietação e pânico. Estas respostas podem assumir intensidades muito variáveis, conforme as circunstâncias, assim como podem ser acompanhadas por manifestações fisiológicas diversas.

Sentir apreensão ou preocupação, perante a possibilidade de ocorrer algo tido como desagradável, é acompanhado por respostas físicas, como alteração na respiração, normalmente contidas, agitação, tremores, contração nas perdas, exercer pressão do calcanhar contra o chão, contração dos braços e da zona torácica, lábios esticados, sobrolho levantado, pálpebra superior levantada e inferior tensa, entre outras.

Podendo ocorrer ao longo do processo de luto, estas manifestações parecem ser as respostas mais presentes no período inicial após a perda, levando algumas pessoas a sentir tonturas, sensação de falta de controlo, abatimento e desmaios. Tal como a raiva e a tristeza, o medo é uma emoção biologicamente determinada e, perante a perda, é comum, mas não faz dela algo confortável, certo? Logo, é igualmente importante dar-lhe atenção.

Por mais que o medo provoque sensações de desconforto e seja muito incomodativo, há uma mensagem que necessita de analisar e cuidar. Nada é por acaso, tudo tem uma função e objetivo no luto. O medo, para além de ser um aliado da tristeza, comunica ao seu corpo que precisa de libertar. A sua dor é muito grande e precisa de sair, de se libertar, de soltar, de aliviar, desobstruir, quer sejam pensamentos, emoções ou comportamentos. O medo grita por alívio. Se reconhece que sente medo em relação a algo relacionado com a perda, está na hora de encontrar formas de o libertar e expulsar.

Confie naquilo que está a sentir. O seu corpo sabe do que precisa, conhece-o bem e sabe que tem tudo ao dispor para o fazer desaparecer. Preste atenção ao que o angustia e o está a deixar nesse estado de receio constante. Dê-lhe um nome. Diga-o em voz alta e escreva o que o assusta. Normalmente, nas situações em que este género de sentimentos aparece, atribuir um nome ao que sentimos, ajuda a reduzir a intensidade da aflição. Nomear aquilo que estamos a recear, dizer com todas as letras "eu tenho medo de...", tende a diminuir o poder e a grandeza daquilo que sentimos.

Faça algo deste género:

"Neste momento, sinto-me irrequieto, agitado e com o coração muito acelerado. Sinto as mãos a tremer e tenho a sensação de que não controlo nada. Eu sei que estou a sentir isto e isto é normal estar a acontecer-me".

Dê a si mesmo a permissão para sentir e identificar o que sente. Se for possível, nesses momentos, procure um lugar mais calmo, coloque a mão no seu coração e, com respirações lentas, continue a observar e a nomear aquilo que sente. Algumas pessoas podem beneficiar se fecharem os olhos, outras não, por se sentirem ainda mais assustadas. Aquilo que importa é reconhecer o que está a sentir e, se for durante uma conversa com uma pessoa amiga, aproveite e fale abertamente sobre todos os medos. Vai ajudá-lo.

É legítimo ficar com medo depois de se perder alguém importante. Seja medo por nós, seja medo pela pessoa perdida, seja pelas outras pessoas das nossas relações. Claro que sim. Estar nesse lugar é assustador e confronta-o com receios novos.

É muito difícil aquilo por que está a passar, e é essencial externalizá-lo de alguma forma. Repare que, quanto mais medo sente, maior é a dor no seu coração. Comece por reconhecê-lo, não há nada de errado em sentir medo e não é vergonha nenhuma. Dê a si mesmo permissão para o sentir e o mostrar, por mais inadequado e desajustado que lhe pareça.

Contudo, se reparar que o medo não serena com a passagem do tempo, que a sua insegurança, inquietação e pânico continuam ou até assumem uma grande intensidade, acompanhados por manifestações fisiológicas diversas, deve procurar ajuda de um profissional habilitado. Embora estes sentimentos sejam comuns no luto e tenham um papel importante na elaboração do processo, não deixe que se apoderem ou tomem conta de si.

---

*"Ao escolhermos lidar com o medo,
virando as costas àquilo que o causa,
como no caso do medo da morte,
somente aumentamos esse medo, perpetuamos
os problemas e perdemos a oportunidade
para nos prepararmos para aquilo que
é mais constante na vida, a mudança."*

Frade, 2013

Exercício 5:

Fazer este exercício implica que se dedique ao seu medo, de forma a conseguir que ele perca intensidade. Não o faça com pressa. Num local tranquilo e confortável, em que possa estar em silêncio e sozinho, pare um pouco para refletir sobre aquilo que desperta o seu medo ou receio. Pode escrever as suas respostas ou simplesmente refletir sobre elas. Não há respostas certas ou erradas, assim como nem todas as pessoas sentem medo nos seus processos de luto.

1. Eu tenho medo de…
2. Quando sinto medo, o meu corpo fica…
3. Quando estou com medo, os meus pensamentos são…
4. Nos momentos em que sinto medo, faço…
5. Em que momentos do dia sinto esse medo?

Quando se permitir a fazer esse trabalho, sem se julgar, respeitando aquilo que receia, mesmo que lhe pareça não ter qualquer sentido, o medo tende a diminuir. Se lhe der voz, atenção, colo e mimo, ele vai perder intensidade e cumprir a sua função.

O medo não é coisa de fracos. No luto, é coisa de quem sente amor. Liberte-o. É demasiado grande para o guardar dentro de si.

Os Inspetores do luto - A Culpa

*"Todos calculam – eu o sinto – o grau de intensidade do luto.
Mas é impossível (sinais irrisórios, contraditórios)
medir quando alguém está atingido."*

Barthes, 2011

NOS CONTEXTOS DE LUTO E DE MORTE, na nossa cultura, é comum procurarem-se responsáveis e culpados, erros e falhas que justifiquem o que se passou. Responsabilizamos, julgamos, acusamos. Estabelecemos analogias que expliquem os motivos e as razões que legitimem aquela morte.

A NECESSIDADE DE ENCONTRAR UM CULPADO

Parece que tem de haver sempre um culpado. Ele/a nunca ia ao médico. Não cumpria com os tratamentos, estava visto que iria morrer. Não devia ter ido sozinho naquela viagem. Quando se sentiu mal, não quis saber daquela dor e isso já era um sinal. Não devia estar naquele lugar àquela hora. Não quis saber do que eu lhe disse. Se a pessoa enlutada aparenta muito sofrimento e não consegue cumprir com os seus compromissos, é porque antes da perda não era estável. Agora está muito triste, mas, antes, não ligava aos filhos. Não consegue sair daquela dor e ficar melhor porque tinha questões pendentes com o pai. Nunca deu valor à mãe, não é agora que vai dar. E muitas outras. Às vezes, parece que estamos numa série policial e somos investigadores cuja missão é encontrar o culpado.

Sem generalizações, talvez possamos observar que essa atribuição de responsabilidades e a necessidade de acusar e julgar tende a aumentar nas circunstâncias em que a perda é inesperada. Quanto menos a morte é esperada ou previsível, mais julgamentos e acusações são formulados contra a pessoa enlutada. É como se fosse impensável admitir que o inesperado acontece, mesmo sabendo que a morte anda por aí. É como se não conseguíssemos crer que a vida é suscetível de acabar em segundos. Que de manhã está tudo bem e à hora de almoço pode não estar. Que à noite deitamo-nos, mas podemos não acordar mais. Que podemos ser condutores responsáveis e sofrer um acidente fatal. Que podemos ser pessoas saudáveis, cuidadosas, energéticas, sem antecedentes e acabar por ter uma doença fatal, que nos rouba a vida aos 30 anos. Que podemos entrar num hospital para fazer uma cirurgia, supostamente simples e rápida, e morrer durante os procedimentos cirúrgicos. Que um jovem adolescente pode estar na praia com os amigos, ser um exímio nadador e morrer afogado. Que uma criança pode estar a comer o delicioso lanche que a mãe preparou e morrer engasgada. Que um bebé de um mês, aparentemente saudável, pode morrer subitamente e a causa da morte ser desconhecida.

Procuramos constantemente culpados, como se a morte escolhesse, apenas, aqueles que têm comportamentos errados.

É muito doloroso reconhecer que a morte é universal e inclusiva, tocando também quem, aparentemente, faz tudo certo e bem.

Se somos sabedores disto, porque é que, enquanto sociedade, continuamos a tentar encontrar culpados e responsáveis sempre que há uma morte?

Será por ser demasiado doloroso olhar para quem ficou de luto, será por sabermos que, a qualquer instante, aquele lugar pode ser nosso, que vestimos a pele de investigador de uma série criminal e nos pomos à procura de provas, ao invés de fazermos as nossas próprias reflexões sobre a vida e a morte?

É muito doloroso estar de luto e saber que os outros estão a fazer julgamentos sobre o que aconteceu, a atribuir responsabilidades, a tentar desvendar o mistério inexplicável, tecendo comentário injustos, sem fundamento e sem conhecimento sobre a verdade.

Do mesmo modo, é muito duro saber que há quem vá a correr contar o que aconteceu, por exemplo, nas redes sociais. Há pessoas que acreditam ter a missão de notificar a sociedade, mesmo que a família não tenha dado autorização. Há famílias que ainda não tiveram tempo de informar os seus próximos e estes acabam por saber da notícia antecipadamente por terceiros.

Nestes casos, é sugerido que se peça autorização à família direta para publicar ou esperar que os mesmos publiquem. Tomar a iniciativa de divulgar informação com esta ordem de delicadeza, sem consentimento prévio dos significativos, pode causar dano.

QUEM É QUE GOSTA DE OUVIR FALAR MAL DA PESSOA QUE PERDEU?

Ouvir ou ler comentários, sobre a conduta da pessoa perdida, dói, incluindo em situações de perda incomum, acidental e violenta. Mesmo que seja inquestionável que essa pessoa tenha tido algum tipo de responsabilidade sobre o sucedido, dói. Mesmo que sejam comentários educados, bem fundamentados, com a melhor das intenções, com um objetivo informativo, como uma reportagem nas notícias, um *post* ou um comentário nas redes sociais, dói.

Mas quem é que acabou de perder um ente querido e gosta de ouvir falar mal dele? Será que alguém gosta? Será que ouvir falar mal da pessoa que acabámos de perder, vai ajudar em alguma coisa, mesmo sabendo que houve algum tipo de (ir)responsabilidade? Às vezes, são comentários como os seguintes, que, embora pequenos, têm agravado impacto:

"Ia em excesso de velocidade e a mandar mensagens pelo telemóvel, o que é que ele queria que acontecesse?"

"Não quis saber das consequências dos seus atos. Nunca cuidou da sua saúde."

"Se não sabia nadar, não devia ir para a água, estava visto no que ia dar."

"Com aquela idade não devia aceitar fazer a cirurgia."

"Quando se meteu com aquela gente, escolheu acabar assim."

Quando estamos de luto, podemos sentir que os outros falam desta forma por se estarem a esquecer da restante história de vida do nosso ente querido e que, a partir dali, sempre que pensarem ou falarem dele, vão dizer "ah sim, aquele que fez aquilo e morreu". Que toda a história de vida da vítima, quer fosse longa ou curta, fica esquecida e anulada pela circunstância da morte, como se fosse superior às suas ações, virtudes, qualidades, jeito especial, olhar, meiguice…

É especialmente nas situações em que a perda tem uma configuração inesperada, incomum, violenta ou acidental, que parece existir uma maior tendência para analisar o que aquela pessoa fez de errado. É como se ao fazermos julgamentos, estivéssemos a acalmar-nos e a dizer a nós mesmos que estamos em segurança e que aquela situação não se passará connosco, nem com os nossos. E que, se um dia alguma coisa de muito grave acontecer, ao contrário dos outros, nós vamos ser fortes e capazes de contornar. Atribuir responsabilidades, isto é, culpar, pode ser a forma de aliviar o desconforto da pessoa que os diz.

O luto é uma notificação da vida, um lembrete para a nossa existência delicada e frágil, uma mensagem a recordar que podemos ser os próximos. E isso dói e traz desconforto porque muitos não querem imaginar o que é estar naquele lugar. É comum, nos momentos em que estamos com alguém enlutado, dizer: *"nem consigo imaginar, nem consigo supor o que estás a passar"*, o que não é totalmente verdade. Qualquer um de nós consegue imaginar, sim. Aliás, logo que sabemos da notícia da morte de alguém, automaticamente começamos a imaginar esse cenário. Para nós, para os nossos e para a pessoa enlutada. É instantâneo. Enquanto seres empáticos, estabelecemos essa conexão e somos capazes de nos colocar no lugar do outro.

Contudo, saber que podíamos ser nós a estar naquela condição, tende, também, a bloquear e a fechar as nossas manifestações de empatia, evitando ou negando a conexão advinda dessa capacidade, e caímos nas redes do julgamento e da culpa. Fazemo-lo por proteção.

Quando conduzimos e batemos num obstáculo, é acionado um sistema de segurança no veículo, ativado por sensores colocados estrategicamente para proteger o condutor e os passageiros em caso de embate. Abre-se uma almofada insuflável protetora, conhecida como *airbag*. Aqui, é exatamente igual. Confrontados com a possibilidade da nossa própria dor, protegemo-nos. É um instinto biologicamente determinado.

Tome atenção:

Reconhecer que o que se passou com outros, pode acontecer connosco, dá medo. Olhar para o sofrimento do outro e imaginar que podíamos ser nós a estar naquele lugar, dói. Dói pelo outro, claro, mas dói mais por nós. Mostra-nos que não temos controlo sobre a vida. A dor dos outros é como um espelho, cujo reflexo é assustador. Não sejamos inspetores do luto, treinemos as nossas competências para ajudar. Isso sim, é importante.

A CULPA NÃO TEM CULPA DA REPUTAÇÃO QUE TEM

A culpa é encontrada, em muitos processos de luto, como uma resposta perante a iminência da perda ou depois da perda de alguém amado. Algumas pessoas não sentem qualquer tipo de culpa, outras, eventualmente, sentem no início do processo de luto e, outras ainda, ao longo do tempo.

Se todas as emoções são importantes no luto, a culpa não é diferente, pelo contrário. A culpa é uma emoção poderosa e tem uma importante função na vida do ser humano, incluindo no luto. Porém, por ser dona de uma fama e interpretação negativa muitas vezes é vista, inclusivamente pelos profissionais, como uma emoção que deve ser rapidamente resolvida/eliminada. A culpa não tem culpa da reputação que tem. Se ela pudesse explicar como é necessária e poderosa, talvez a víssemos com outros olhos. Talvez a julgássemos menos e aproveitássemos mais. Aprender com a culpa? Como? Como é que podemos aprender com um sentimento tão difícil e que nos causa tanta dor, pergunta-se desse lado o leitor.

Pois bem, paremos um pouco, então, a olhar e a refletir sobre ela, já que faz parte da nossa vida em tantas circunstâncias. O que aconteceria se a emoção da culpa não existisse? Que consequências haveria (pessoais e interpessoais)?

Pode parecer à primeira vista que nada aconteceria e que seria bem melhor se não existisse, mas, a verdade é que, eventualmente, seria terrível. A culpa traz consigo uma oportunidade que os mais distraídos não veem. Causadora de muito desconforto e aflição, por vezes, é mais simples ignorá-la e esperar que passe, ao invés de percebermos o seu verdadeiro objetivo e função. Lembre-se, tudo o que sente tem um objetivo e uma função, e a culpa não é diferente.

Quando ganhamos coragem e paramos a observá-la, a confrontamos de frente, ficamos diante do que mais nos distingue de todas as espécies de seres vivos: *capacidade de reflexão*. Esse é o objetivo da culpa que tantas vezes sente. Pô-lo a refletir profundamente! Diga-me lá se não é de lhe dar honras e distinção? É a culpa que nos incita a parar em reflexão. Não é a pensar ou a recordar, é a refletir.

Grandes decisões e conclusões surgem de estados de culpa.

Refletir sobre nós próprios, sobre quem somos sem esta pessoa ao nosso lado, sobre o que queremos fazer com a vida nesta nova condição, o que fazer para continuar todos os dias, o que fizemos quando tínhamos o ente querido connosco, quem fomos nessa relação, o que gostávamos de ter feito e sido, quem nos propomos a ser a partir daqui, como queremos ser no futuro.

Então, porque é que tem tão má fama? Porque é que não a toleramos em nós ou nos outros?

Assim como aceitamos que é legítimo sentir tristeza pela perda, chorar a dor da falta, sentir zanga porque a vida foi injusta com quem perdemos e connosco, porque é que não aceitamos que a culpa é legítima? Sentir culpa não é, propriamente, uma escolha. Sentimos.

Mesmo que saibamos que não tem fundamento, que não temos qualquer responsabilidade, que não podíamos fazer mais, que demos o nosso melhor, que ninguém pode ser responsabilizado, que não estava nas nossas mãos determinar aquele desfecho, sentimos culpa. Reconhecê-lo é um passo importante no luto. Reconhecer que esse sentimento existe e que nos acompanha todos os dias, é fundamental. Aquilo que sentimos tem um nome e, embora tenha uma conotação negativa e evitemos falar dela, ela é real.

Mas não fiquemos por aqui. Não basta dizer que sentimos culpa. Reconhecer é importante, mas não basta para que esse sentimento doloroso amenize. Importa que lhe seja dada a devida atenção. Se a culpa é poderosa, a forma de a resolvermos também implica uma atenção, igualmente, poderosa. Não vai lá com meias medidas, sob pena de perder a sua função e configurar um fator de risco.

Nas respostas às perguntas seguintes encontrará as portas de entrada para amenizar o poder da culpa:

– O *que traz essa culpa?*

– O *que aconteceu, concretamente, que o leva a sentir culpa?*

– O *que não aconteceu e, segundo a sua perspetiva, devia ter acontecido?*

– O *que é isso de tão importante que traz tanto desconforto?*

A culpa tem uma grande diversidade de origens.

No decurso do processo de luto, é comum sentir culpa por um destes fatores:

- não ter protegido o ente querido, acreditando que se poderia ter feito mais para o salvar;
- não ter feito mais no processo de doença;
- não ter sido mais presente e envolvido na doença ou na morte;
- não ter falado sobre a doença ou outras circunstâncias que tenham causado sofrimento;
- não ter estado presente e atento o suficiente;
- não ter sido um bom familiar ou amigo;
- não ter perdoado;
- ter dito palavras que magoaram;
- não ter expressado gratidão ou amor;
- não o ter conhecido verdadeiramente;
- ter contribuído para a morte, direta ou indiretamente;

- ter desejado a morte perante o visível sofrimento do ente querido ou ter sentido desespero perante o sofrimento;
- sentir alívio depois da morte;
- não ter visto o corpo;
- não ter tido condições para se despedir;
- mostrar os sentimentos;
- precisar da ajuda de outros;
- sentir que se é um transtorno;
- sentir que se está de luto e que não se tem essa permissão ou esse direito;
- sentir-se inapropriado;
- ter sobrevivido à perda;
- sobreviver sem o ente querido;
- não sentir tanta dor;
- ter momentos alegres e sorrir;
- aproveitar a vida quando o ente querido não está cá para fazer o mesmo;
- ter momentos em que se esquece a ausência e a dor;
- sentir que algumas memórias e sentimentos vão desaparecendo;
- sentir que a vida, agora, é melhor graças ao crescimento advindo da perda;
- estar vivo;
- ter uma nova relação;
- desejar ter outro filho, entre outras.

A culpa pode estar ligada a diferentes momentos temporais.

Pode referir-se:

- ao passado: o que aconteceu e/ou devia ter acontecido

- ao presente: o que está a acontecer e/ou não devia estar a acontecer agora
- ao futuro: o que não vai acontecer

Nem sempre a culpa advém de um acontecimento real.

Quer seja ajustado à realidade ou não, quer tenha acontecido ou não, podemos sentir culpa, quer por uma ideia irrealista, quer por uma fantasia. Seja qual for a sua origem, a culpa atua sempre segundo o sistema de valores e normas da pessoa que a sente.

A culpa deve ser manifestada de forma clara e aberta.

O sentimento da culpa pode ser manifestado abertamente, como uma emoção natural e explícita.

– Eu sei porque sinto culpa, eu sinto-me culpada porque não estive presente naquele momento.

De igual forma, pode não ser expressa com esta abertura, ficando encoberta, perdurando no tempo. Nestes casos, a culpa pode deixar de ter uma função adaptativa, pois perde a sua função original e ao não ser bem elaborada, pode configurar um fator de risco no luto, sendo oportuno o acompanhamento de um profissional habilitado.

A expressão da culpa pode ocorrer também como um monólogo interior. Se ao longo da nossa vida, tendemos a conversar de nós para nós, quando estamos de luto podemos ter esses diálogos internos connosco ou com outra pessoa, incluindo com o ente querido perdido. Nesses diálogos silenciosos ou mais externalizados, tendemos a dirigir-nos para os detalhes, pormenores negativos, explicação dos factos, procura de significados associados à causa da perda.

Como pode ver, a culpa não é um sentimento simples. Logo, quando estamos de luto e sentimos esta manifestação, não é evitando-a, que ela perde a sua intensidade. Pelo contrário. A culpa é capaz de se alimentar do silêncio e do nosso evitamento. Quanto mais a ignorarmos, mais cresce. Pode ficar uns tempos calada, mas volta e com mais força, quando menos contamos. Por isso, vamos continuar a falar dela.

OS OLHOS DA CULPA, DOS POSITIVOS E DE DEUS

Os valores associados à culpa.

Por ser individual, a culpa está relacionada com o sistema de valores e de normas de cada um, logo, pode ser importante observarmos perante quem é que nos sentimos culpados. De quem o olhar que nos faz sentir assim. Sabermos de quem é, ajuda-nos a minimizar o impacto da culpa. Esse olhar ou olhares podem ser diversos e, até, mais do que um ao mesmo tempo.

Tome atenção:

Podemos sentir culpa perante:

- o olhar daquela pessoa que, supostamente, sofreu o dano, como o ente querido ou outros;
- perante nós mesmos, como pessoa enlutada ou uma parte de nós;
- perante um terceiro, quer seja uma pessoa, a sociedade, Deus ou outros;
- o olhar do nosso sistema de referências, de valores e de crenças que, acreditamos e sentimos, ter transgredido.

A culpa é muito poderosa. Pode ter diversas origens, manifestar-se de diferentes formas e impactar de diversas maneiras, embora, a olho nu, pareça simples. Então, porque não cuidar dela? Porque é que insistimos em dizer uns aos outros, *"não tens de te sentir culpado"*, *"não podes sentir culpa"*, *"fizeste tudo bem, não podes estar assim"*?

De facto, para algumas pessoas em luto, é positivo ouvir de terceiros que não têm culpa. Que não têm motivos para se sentir assim, que há conhecimento e reconhecimento sobre o sucedido e que nada justifica esse estado de culpa. Essa validação e confirmação ajuda a legitimar, facilitando uma perspetiva mais realista e ajustada à realidade. Nesses casos, pode ser produtivo, importa avaliar individualmente.

Para outras pessoas enlutadas, o efeito desses comentários pode ser inverso. A verdade é que podemos sentir culpa, mesmo sabendo não ter um sentido lógico. Não precisamos que os outros nos digam que não deveríamos sentir culpa, às vezes, sabemo-lo. Sabemos ter feito tudo bem, mas não chega. Temos a certeza que não havia outra solução, mas isso não diminui a dor. Não é por nos dizerem que não devíamos sentir, que a culpa desaparece, pelo contrário. Quanto mais nos dizem que não temos razão ou que não temos esse direito de sentir, mais a dor aumenta, mais nos fechamos, mais falta de legitimidade sentimos, mais julgamento sentimos, mais inadequação, mais incapazes, mais perdidos.

A culpa precisa de ser expressa,
precisa de palavras, de ser dita e acolhida,
mesmo que não faça sentido para quem
está a ouvir ou verbalizar.

Se faz sentido para quem a sente, se o seu sistema de valores e normas está afetado, é legítimo e um direito.

A Positividade tóxica.

Embora vivamos numa sociedade que facilita a ilusão de controlo, que promove a cultura do positivismo e nos vende a ideia de que devemos aceitar tudo como nos acontece, quando estamos de luto, podemos perceber que não é bem assim.

Há muitas correntes teóricas que defendem a ideia de que cada um cria a sua própria realidade, que atraímos o que precisamos, que o exterior é o reflexo do interior, que só somos felizes na medida em que nos permitimos ser, que tudo acontece por um motivo, que a intenção é o mote para alcançar o que precisamos, que a felicidade é um trabalho interno permanente e o pessimismo atrai mais pessimismo.

Estas e outras expressões terão o seu fundo de verdade, mas, nos contextos de luto, podem servir para aumentar o sentimento de culpa, por não conseguir corresponder a esses ditames. Dizer que atraímos aquilo que precisamos a uma pessoa que acabou de perder um ente querido, pode aumentar a dor. Esta pessoa pode ficar a sentir-se culpada porque atraiu a morte do outro, porque precisava disso para o seu crescimento.

Dizer que a felicidade é um trabalho interno permanente e o pessimismo atrai mais pessimismo, pode levar a pessoa a evitar o seu sofrimento, aumentando sentimentos de culpa sempre que não conseguir estar horas seguidas em felicidade, complicando o seu processo de luto.

A cultura da positividade, embora possa ser uma abordagem interessante, é também um ativador de dor, culpando direta ou indiretamente a pessoa enlutada, difundindo a ideia de que o luto e a dor não são legítimos, aumentando os constrangimentos. Sendo estas perspetivas tão disseminadas nos dias de hoje, por vezes, não nos damos conta de como estamos familiarizados com elas, como nos impactam e moldam.

O luto, a culpa e todas as outras manifestações que temos aqui falado, não são exclusivas de pessoas pouco evoluídas ou menos capazes. Podemos não ter o controlo sobre a vida, podemos não ter os recursos e o poder para impedir que o pior tivesse acontecido, podemos estar em muito sofrimento, mas isso não faz de nós pessoas menos capazes ou evoluídas. Podemos escolher viver esta experiência de luto que a vida nos deu e decidir encará-la de frente, porque quanto mais o fazemos, mais a dor serena.

E, nos momentos em que sentimos que não temos força, que nada resulta, que só quereremos desaparecer e acabar com isto tudo, paramos. Paramos e olhamos para a situação com cuidado, com carinho, com respeito, sem julgar. Escolhemos uma nova perspetiva, porque a que estávamos a usar, não estava a funcionar.

O papel da Religião e da Fé.

Quando estamos perante uma situação que põe em causa a segurança, que configura uma possibilidade de perigo ou diante da iminência da morte de um ente querido, é natural sentir um ímpeto fervoroso para rezar e pedir aos céus que tudo fique bem. Quer sejamos religiosos, crentes ou não, nestas horas podemos sentir uma agitação interna e externa tão profunda, capaz de levar o maior cético a dobrar os joelhos, a levantar as mãos aos céus e em forma de prece começar a rogar, a pedir e a suplicar, fazendo promessas e compromissos em troca daquela salvação.

E, uma vez atendidos esses pedidos e salvos do pior, agradecemos a Deus, nas suas mais variadas formas, configurações e denominações, sentindo que fomos abençoados e ficamos aliviados pelo resultado positivo. Quando assim não é, há o outro lado, em que se constata que as orações não foram atendidas e que fracassámos. Ou que Deus é caprichoso, seletivo, injusto e que tinha um motivo para não salvar. A ideia de que aquela força superior do universo decide quem vive e quem morre, a crença de que um Deus pode mudar de ideias a pedido dos seres humanos, pode aumentar a nossa dor e levar-nos por um caminho que complique o processo de luto. Como pode ser difícil conciliar a ideia de um deus bondoso e um deus castigador e injusto.

A representação simbólica que formamos perante tal antagonismo, é a ideia de que existe um valor maior que pode ser agradado ou desagradado, conforme os nossos atos, atitudes, sentimentos, pensamentos, comportamentos e pedidos. Ou seja, é mais uma estratégia que podemos usar, e usamos, para ter a sensação de que controlamos aquilo que está a acontecer, como se a vida e a morte fossem aleatórias ou uma escolha.

Seja qual for o credo, a orientação, a tradição, a raiz religiosa ou espiritual, todos nos convidam e convocam ao amor e à compaixão nos momentos mais difíceis da vida.

Tome atenção:

A fé não deve ser um meio para mudar o rumo da vida. Aquela força superior universal, personificada num Deus, que dá e tira, que dispõe e destina os piores castigos e maiores recompensas, segundo as nossas vontades e ideias, pode ser um desserviço, algo que aumenta a dor, aos olhos daqueles que se apoiam na fé nos momentos de maior dificuldade.

Encobrir e disfarçar o medo de perder quem amamos e a nossa falta de controlo perante a vida, através desta visão da fé, pode ser uma forma de aumentar os sentimentos de culpa. Se é esse o olhar da sua culpa, se sente que Deus tem responsabilidade naquilo que lhe aconteceu, não tem mal nenhum. Tudo se resolve com uma conversa sentida e profunda com essa força maior.

Para muitas pessoas religiosas, a perda de algo ou alguém significativo e todo o sofrimento que advém dessa experiência é um desafio que abala a estrutura que sustentava a sua fé. Em consulta de terapia do luto, ouço muitas vezes a expressão dessa dor, como se fosse uma nova perda, advinda da perda principal. Como se para além da perda daquela pessoa amada, ocorresse uma outra perda relacionada com o abandono de Deus.

"Eu não merecia que Ele me fizesse isto!"

"Porque morrem os bebés e as crianças pequenas?"

"Se Deus é bom, porque é que Ele permite o sofrimento?"

"Se, para os crentes, a morte é a porta de entrada para a vida eterna, porque vemos a morte como uma desgraça?

"Eu tanto Lhe pedi..."

Os praticantes de qualquer religião ou orientação espiritual têm dúvidas! A história conta-nos que também Jesus Cristo teve:

"Meu Deus, Meu Deus, porque me abandonaste?"

Quando estamos de luto, perante a dor maior que podemos sentir no nosso coração, é natural que reconsideremos aquilo que antes era totalmente verdade. Por isso, caro leitor, quer seja crente ou não, encontrar um sentido para o que aconteceu que seja sustentado numa posição existencialista, humanista, espiritual ou religiosa, pode ser uma arte indispensável do seu processo de recuperação.

Os estudos na área do luto têm mostrado que algumas pessoas enlutadas sentem que a religião as tem ajudado no seu processo de luto porque faz sentido para elas. Mas, se não é religioso, também está tudo certo, elabore o seu luto respeitando aquilo que faz sentido para si.

"Sabe, eu nunca fui muito religiosa, nada mesmo, mas, depois da per-

da do meu filho, eu vi que crer em algo (independente de religião), ajudou-me. Preferi crer em algo que fez sentido, e com isso o meu coração ficou menos pesado. Além de toda a ajuda profissional e também de amor e carinho que tenho recebido, o apoio de todos os lados tem sido fundamental."

A CULPA EM MIM

É verdade que a culpa é uma emoção, mas, sejamos sinceros, será apenas isso? Quem já sentiu culpa, sabe bem que, quando estamos perante a perceção de que falhamos ou falharemos com o nosso ente querido, seja por ações ou omissões, quanto às nossas obrigações, através de atos, palavras ou pensamentos, causando danos ou demonstrações de desamor, tudo em nós o reflete. E aqui voltamos ao polvo com os seus tentáculos, que nos toca como um todo, que é o luto. A culpa não é só uma emoção, é muito mais do que isso.

Repare no impacto que a culpa tem em vários níveis da vida.

A nível físico:

- que as suas costas ficam mais pesadas e curvadas, como se tivesse uma mochila às costas carregada com um enorme peso;
- um aumento de rigidez corporal e os braços mais colados ao tórax;
- um desconforto estomacal, um nó no estômago;
- rubor nas faces.

A nível comportamental:

- ficar mais inibido;
- não estar tão disponível para algumas ações, como conversar;
- sentir necessidade de recolhimento;
- não sentir vontade de estabelecer contacto com outras pessoas, isolando-se;
- sentir falta de vitalidade e passividade;
- sentir-se desassossegado, necessidade de estar constantemente ocupado, entretido, distraído, com impulso para ação, na tentativa de desviar o foco da culpa.

A nível cognitivo:

- estados de grande preocupação;
- pensamentos muitos persistentes e ideias fixas.

A nível emocional:

- sensação de inadequação;
- vergonha, receio de desonra ou do ridículo, sensação de perda de dignidade ou falta de valor pessoal, humilhação, rebaixamento;
- tristeza, pesar, timidez, acanhamento;
- raiva contra si próprio ou outros, desapontamento.

Não podemos afirmar que todos sentem culpa quando estão de luto, mas, sabemos que é comum e que implica cuidado. Sermos sinceros, verdadeiros, honestos e autênticos connosco é importante. Sermos gentis, bondosos e não julgadores, ainda mais. Não concorda? Ao invés de ficar submerso na culpa, dê-lhe uma oportunidade para aprender. Essa é a sua função: levá-lo à reflexão e ensiná-lo. Despertar em si reflexão consciente, justa, amigável. É através dela que surgem grandes conclusões e ensinamentos. Se não o fizermos, a culpa pode aumentar e prejudicar severamente o seu estado.

Tome atenção:

A culpa tende a crescer quando fazemos tudo para a esquecer. Termos coragem para a reconhecer, admitindo as nossas limitações e imperfeições é a porta de entrada para que diminua e deixe de causar tanta dor.

Gostava que refletisse com amorosidade e sem julgar, mas aprendendo as lições que este sentimento lhe pode dar.

Exercício 6:

Fazer este exercício implica que se dedique a um momento doloroso. Não o faça com pressa. Num local tranquilo e confortável, em que possa estar em silêncio e sozinho, páre um momento para refletir sobre o que o está a deixar tão angustiado, por causa do que sente. São dez questões sobre a culpa. Pode escrever as suas respostas ou simplesmente refletir sobre elas. Não há respostas certas ou erradas, assim como nem todas as pessoas se sentem culpadas ao longo do seu processo de luto.

1. O que é para si a culpa?
2. A culpa que sente está relacionada com algum ato que, acredita, tenha causado dano? Qual ato e a quem?
3. Não houve um ato concreto que causasse dano, mas pensa que podia ter acontecido/feito de outra forma e isso faz senti-lo culpado? Descreva.

4. Esse sentimento de culpa está relacionado com acontecimentos do passado, do presente e/ou do futuro?
5. Diante quem é que se sente culpado?
6. Observando a culpa, o que sinto:
7. Como a sinto no meu corpo?
8. Que comportamentos tenho quando sinto culpa?
9. Quais são os meus pensamentos nesses momentos?
10. Quais são as emoções que acompanham a culpa?

Frequentemente, sentimo-nos culpados quando estamos de luto, às vezes mesmo antes da perda acontecer, antecipando o que vem por aí. A culpa não tem um relógio, nem escolhe o momento. Aparece porque o coração está em sofrimento, porque chegamos a uma conclusão, por causa de uma palavra que ouvimos, uma recordação que surgiu, uma data, um filme, um livro. Seja qual for o momento ou a sua origem, lembre-se que ela tem uma função, um propósito, um objetivo.

Embora seja muito desconfortável e traga dor, há um objetivo maior implícito: fazê-lo refletir e crescer. Quando se permitir fazer esse trabalho com a culpa sem se julgar, respeitando as suas escolhas, sabedor de que fez, faz e fará tudo o que está ao seu alcance, a culpa tende a diminuir. Se lhe der este colo e mimo, ela vai perder intensidade e cumprir a sua função.

É mais fácil criarmos algumas normas e regras, que nos facilitam e permitem a ilusão de que temos controlo, do que aceitar que não controlamos nada. **Mesmo quando fazemos tudo "certo e bem", pode acontecer uma tragédia.**

Pelos Olhos da Saudade

"Uma parte de nós morre cada vez que perdermos um ente querido. Somos seres sociais e, como tais, construímos nossas identidades ao redor das pessoas mais importantes das nossas vidas, por isso a perda dessas pessoas gera um vazio dentro das nossas vidas e um vazio dentro de nós.
Um vazio que só podemos reparar com esforço e de forma gradual, estabelecendo novas formas de conexão com o que perdemos, assim como com o novo mundo no qual nos vemos "condenados."

Presa, J. In Barbosa (2013)

QUE BOM QUE É quando olhamos nos olhos das pessoas que amamos e vemos refletido amor. O que nos devolve esse olhar, aquela sensação de aprovação, de validação e reconhecimento, ajuda-nos a construir quem somos. Essa fonte contínua de aprovação e de reconhecimento, especialmente vinda de uma pessoa com quem temos uma relação positiva e cuidadora, tem a capacidade de nos oferecer um reflexo amoroso e com o qual podemos construir uma imagem saudável de nós mesmos, assim como um sentimento de orgulho pelo que somos, pela nossa identidade.

ELE/A ERA TUDO PARA MIM

Que bom que é quando olhamos nos olhos das pessoas que amamos e vemos refletido amor. O que nos devolve esse olhar, aquela sensação de aprovação, de validação e reconhecimento, ajuda-nos a construir quem somos. Essa fonte contínua de aprovação e de reconhecimento, especialmente vinda de uma pessoa com quem temos uma relação positiva e cuidadora, tem a capacidade de nos oferecer um reflexo amoroso e com o qual podemos construir uma imagem saudável de nós mesmos, assim como um sentimento de orgulho pelo que somos, pela nossa identidade.

O que nos aflige, também é esta parte, quando percebemos que, perante a perda, não voltaremos a receber o que só aquela pessoa nos dava.

"Só ela é que me entendia. Bastava olhar para a minha cara e parecia que entrava dentro de mim, nunca falhava. Ela fazia-me sentir muito especial, era tudo para mim, ninguém consegue ocupar aquele lugar. Ela era o meu porto de abrigo, a minha melhor amiga, confidente, parceira. Sempre que se passava alguma coisa na minha

vida, o meu instinto era telefonar-lhe a contar. Falávamos várias vezes por dia e ela tinha sempre a coisa certa para me dizer. Claro que não concordávamos sempre, mas havia sempre aquela palavra de carinho que me empurrava a lidar melhor, quer fosse nas boas situações ou nas mais difíceis. Sinto falta daquele jeito especial e único. Agora sinto-me sozinha, não tenho com quem ter esses momentos, parece que ninguém me entende, ninguém é capaz de substituir o que ela me dava. Só ela é que me fazia sentir segura, especial, amada, entendida. Era ela que unia toda a família, era o farol e a luz. Sinto que perdi o norte e que uma parte de mim, morreu com ela".

É muito penoso construir ou manter quem somos, manifestando a perceção de que com a morte do ente querido, uma parte de nós mesmos ficou fragmentada e incompleta, ao perder aquela fonte de validação e de amor.

As pessoas significativas que fazem parte das relações e da nossa vida são um espelho que reflete uma imagem de nós próprios, que nutre e alimenta a construção da nossa identidade. Como somos todos diferentes, assim como as relações que estabelecemos, também aquilo que elas nos dão e nos fazem sentir, é distinto. Não é possível darmos e recebermos o mesmo em todas as relações. Cada uma dessas pessoas, aquelas que compõe as nossas relações, dão e recebem de forma distinta, o que nos ajuda a construir quem somos.

Por exemplo, aquilo que recebe da relação que tem com o seu pai e da relação da sua mãe é distinto. Pode nutrir por eles um amor igualmente profundo e até sentir que não consegue distinguir quem ama mais, no entanto, aquilo que obtém de cada um é diferente. Quem diz as figuras paternais, diz noutro tipo de relações, como no caso dos filhos. Quer sejam muitos ou poucos, aquilo que recebe de cada um é diferente e único. Acontece o mesmo nas amizades ou noutro tipo de relação que estabeleça.

Uns dão-nos mais segurança, carinho, reconhecimento e atenção. Outros, se calhar, incentivo, ideias, ajuda prática nas questões do dia a dia. Desafiam-nos para experimentarmos coisas novas ou outras tantas.

Por exemplo, a mãe pode ser quem nos faz sentir protegidos e o pai aquele com quem não precisamos de ter segredos. Com o filho mais velho, sentimo-nos boas mães, com o filho mais novo, encontramos identificação por nos fazer lembrar dos nossos sonhos. Com a amiga, sentimos força para lutar pelos objetivos, com o marido, coragem pela existência de reciprocidade. Noutras relações, ainda, encontramos facilidade para sermos mais vulneráveis e frágeis, porque aquela pessoa com quem estamos é tendencialmente atenciosa e cuidadora quando está connosco.

Nós somos o somatório desses lados. A nossa identidade é composta por várias faces e facetas, que nos levam a agir e a sentir de forma distinta, conforme aquilo que cada uma dessas pessoas nos desperta e dá.

Claro que temos a nossa personalidade e forma de ser, contudo, é também nessa troca relacional que construímos quem somos. Enquanto seres relacionais, característica inerente à sobrevivência da espécie, é como se todas as pessoas andassem com uma espécie de espelho invisível e, sempre que olhássemos para elas, víssemos um pouco de nós mesmos. Logo, perante a perda, perdemos também esse espelho, aquilo que só cada uma delas nos dava.

– *Só ele me fazia sentir especial.*

Quando perdemos a pessoa que carregava amorosamente um reflexo tão importante para nós, o espelho parte-se, rasga-se. E isso dói. Deixarmos de receber o que só aquela pessoa nos dava, o que vai muito além de bens materiais, evidentemente, é motivo e causa de grande dor e sofrimento.

É legítimo sentirmos dor pela pessoa que perdeu a vida e pelo facto de ela não continuar connosco, mas também pelo que perdemos com essa morte. Reconhecer que não vamos voltar a receber o que só ela nos dava, é fonte de grande sofrimento. Não é só porque quem amamos ficou privada da vida, é também porque nós ficámos privados daquela pessoa e do que só ela nos dava. E não temos de nos sentir egoístas ou maus por isso.

Tome atenção:

Quando sofremos a dor da perda, não é só pela pessoa que perdemos ou por tudo aquilo que ela perdeu. Também é pelo que nós perdemos. Legitimamente, também é pelo que não vamos voltar a receber, pelo que tanto estimávamos que ela nos desse e não vamos ter mais, pelo que era tão importante e necessário no nosso dia a dia, e ficamos privados porque aquele espelho único partiu-se.

Se se identifica com este aspeto do luto, quero dizer-lhe que não está sozinho.

Se com estas palavras compreendeu melhor aquilo que se passa consigo, se sente que um espelho importante e insubstituível se partiu e que perdeu mais do que a pessoa amada, quero dizer-lhe que é normal. Não há nada de errado. Mas, no luto, depois de reconhecermos o que está a acontecer e a sentir, importa fazer alguma coisa.

Em primeiro lugar, devemos permitir-nos a ficar profundamente tristes, porque dói muito não receber aquele amor. **Viver essa tristeza, vai fazer-lhe bem.** Depois, e aqui, devemos atender aos nossos sistemas de valores, ao que nos faz mais sentido e for mais adequado, importa tomarmos consciência do que representam os outros para nós e como nos ajudam a sermos a nossa melhor versão. Fazê-lo é criar a oportunidade para crescer e continuar. Aquele olhar que recebíamos e tanto nos moldava, mais não é do que um reflexo e uma força dentro de nós.

Embora a morte tenha partido o espelho, nós guardamos os pedaços estilhaçados.

A morte pode ser muito poderosa, mas também é um bocadinho desajeitada. Ela cumpre o seu papel e vai-se embora sem olhar para trás. Nunca consegue partir o espelho na totalidade, ficam sempre muitos bocados e partes espalhadas. São bocadinhos que ficam no nosso coração e que ajudam a coser a ferida do luto com linhas de amor. São pedaços da história que nada, nem ninguém, muito menos a morte, podem apagar e, quando recordadas e integradas na nossa nova vida, são lugares seguros onde se pode gerar mais amor e novas relações, refletindo o tanto que recebemos daquela pessoa tão especial.

Nós somos o reflexo daquilo que recebíamos da pessoa que perdemos. Embora lhe possa parecer difícil, ao seu ritmo e com o coração aberto para continuar, considere dar-lhe continuidade.

Ficou tanto por agradecer

"Naquele momento em que me disseste, "deixa-me ir, não aguento mais", eu percebi que te tinha perdido. Estava tão aflita a tirar-te do carro à porta das urgências, que não consegui dizer-te tudo. Só queria ser rápida e diligente, só queria tirar-te aquelas dores e aquele mal-estar e não parei o tempo suficiente para sentir aquele momento irrepetível. Lembro-me que no meio daquela angústia, enquanto te pegava ao colo e sentia os teus ossos frágeis nas minhas mãos e braços, dentro de mim dizia, "podes ir". Não consegui dizer em voz

alta. Foi um sussurro de autorização que não consegui dizer-te ao ouvido. Talvez, para ti, tivesse sido importante ouvir o meu apoio, mas o meu amor e egoísmo foram mais fortes. Hoje, sei que embora as minhas palavras não tivessem som, de alguma forma, devem ter sido sentidas por ti, porque saíram do meu coração em dor. Hoje, mais serena e tranquila, quero que saibas que te agradeço profundamente todos os momentos que passámos juntos e tudo o que me ensinaste. Sem ti, a nossa família não está tão unida, eu tento fazer de tudo para que a união continue, mas faltas tu que eras a ligação entre todas as partes. Acho que não estamos tão unidos, porque estarmos juntos implica reconhecer que não estás cá e, como isso dói muito, resulta no afastamento. Ainda assim, também te agradeço o ensinamento sobre nunca desistir, pois continuarei. Obrigada, Pai".

"Eu sei que fui um neto rebelde, pouco presente e pouco agradecido. O tempo e a idade mostraram-me isso e admito-o com alguma vergonha, embora saiba que tudo foi fruto das nossas difíceis vidas. Gostava de lhe ter dito o quanto a admirava, mas, na impossibilidade de o fazer diretamente, descobri que o posso fazer agora todos os dias da minha vida, porque não há um dia que não me lembre de si. Nem consigo. A minha filha mais velha, que não chegou a conhecer, tem os seus olhos e muitas são as vezes em que o olhar dela me parece o seu. Eu sei que não reconheci aquilo que fez por mim, um menino mimado, irresponsável e irrequieto sem capacidade de ver quem o salvou. Mas hoje reconheço. A avó foi e é a minha mãe. Foi consigo que aprendi tudo o que sei e quero que os meus filhos o saibam. É a minha inspiração, é a minha base, foi de si que eu nasci. Obrigada por me ter recebido e cuidado, minha querida e eterna avó."

"Os teus últimos dias foram um ensinamento. Tivemos tempo para conversar sobre assuntos que nunca tínhamos falado. Falámos do passado, do presente e do futuro. Sem tabus, nem rodeios. Tomá-

mos decisões, esclarecemos dúvidas, antecipámos aspetos práticos e burocráticos que viriam depois da tua morte. Disse que te amava repetidamente e ouvi expressões de amor tuas que nunca esquecerei. Lembro-me de como te tocava, do prazer que tive a pentear os teus cabelos, a pôr-te creme, a ajudar-te no banho e até a escolher a tua última roupa. Tudo nos fazia rir e chorar, tal era o amor que nos envolvia. Disse-te tudo e sei que nada ficou por dizer da tua parte. Saber isso, ajuda-me a lidar com a saudade."

"Quando estavas na minha barriga, costumava falar contigo baixinho com receio de te acordar. Queria-te tanto. Aquilo que vivemos juntas, como uma só, naqueles cinco meses é difícil de explicar. Embora tenhamos privado pouco e hoje não te tenha aqui, quando olho para trás, sinto um amor profundo e uma necessidade enorme de te agradecer por seres minha. Apesar de estar a ser muito doloroso, tive a bênção de te ter dentro de mim. E isso é algo mágico e pelo qual te agradeço. Serás sempre a minha filha e eu a tua mãe."

Nem sempre teremos a possibilidade de agradecer como gostávamos e queríamos.

Devia ser obrigatório um último momento, onde fosse dada a oportunidade para dizer o quanto se está agradecido.

Ficaria no coração aquele instante que, mais longo ou mais curto no tempo, seria um marco na história de cada um.

Por desconhecermos à partida qual é o último momento, em que tudo poderia ser reconhecido e agradecido, adiamos. Não temos tempo, estamos demasiado ocupados, achamos que a outra pessoa sabe o que nós sentimos, não gostamos de mostrar as nossas emoções e adiamos. E fica tanto por agradecer. É muito comum a dor do luto nascer a partir deste ponto: não ter agradecido.

Quando estamos de luto, a origem da nossa dor, tantas vezes mascarada por tristeza e lamento profundo, está relacionada diretamente com o facto de não termos agradecido em determinados momentos e contextos. É o sofrimento por não ter verbalizado ou demonstrado gratidão, perante aquela pessoa tão importante e marcante, por algo que nos dirigiu num momento específico ou durante toda a vida. É sobre algo que, por qualquer razão, não tivemos oportunidade, ou não nos foi dada, de mostrar agradecimento como queríamos, fosse por palavras ou ações.

Se, por um lado, conseguimos lembrar-nos de tudo aquilo que foi dito e feito na companhia daquela pessoa tão especial, por outro, sofremos se não tivermos reconhecido e agradecido com a devida profundidade, principalmente se a perda for inesperada ou resultado de uma conjuntura onde não houve lugar a despedidas. Quando assim é, devemos permitir-nos a ficar tristes. É legítimo.

Tome atenção:

É fundamental identificar com detalhe o que, de facto, ficou por agradecer. É o ponto de partida para serenar essa falta:

- Algo que o ente querido fez num momento específico ou ao longo da nossa vida;
- O que nos foi dito e jamais será esquecido, pela intensidade das palavras e acolhimento;
- Os momentos sem gestos, palavras ou sons que foram determinantes quando mais nada ou ninguém nos valia;
- A oportunidade de ter conhecido e privado com alguém tão especial e único.

Temos tanto a agradecer, mas nem todos tivemos essa ocasião. Por isso, caro leitor, independentemente da sua história de vida ou de perdas, reconheçamos que agradecer vai para além da oportunidade de dizer tais palavras. Talvez a solução para este ponto esteja no dia a dia e na possibilidade de agradecermos diretamente a quem temos connosco, aqui e agora, e agradecer com o coração a quem já cá não está.

Lembre-se, a morte não acaba com o amor, nem com a relação que criou com a pessoa que perdeu.

Se a frase anterior lhe faz sentido, então, quer dizer que ainda pode agradecer. Quer tenham passado horas ou anos, é sempre possível agradecer, mesmo depois da morte. Seja grato por tudo o que sempre soube quando tinha a pessoa consigo, mas também por o que não sabia.

"Eu não sabia que te amava tanto e que eras tão importante para mim."

Há factos que só nos damos conta quando perdemos, há verdades que só nos chegam quando deixamos de privar com aquela pessoa. Há verdades e sentimentos que só perante a perda é que descobrimos. O luto abre espaço para pensarmos e sentirmos coisas novas.

Com a dor da perda ficamos cercados por pensamentos, reflexões e conclusões que antes não tínhamos por nunca termos estado nesse lugar. De igual forma, somos inundados por sentimentos e emoções que nunca experimentámos com semelhante intensidade, levando-nos a aceder a um espaço de amorosidade profundo, onde cabe um agradecimento novo.

Exercício 7:

A perda abre o coração, o que leva ao agradecimento. Para agradecer não há um tempo certo. Pode ser aqui e agora, até porque a morte não acabou com essa possibilidade, pelo contrário, a morte mostra-nos que somos agradecidos e que podemos agradecer a qualquer momento à pessoa que tanto amamos. Então, não perca tempo. Não precisa de fazer nada muito elaborado. Agora que lê estas palavras, ponha a mão no coração, sinta-se agradecido e diga "obrigado(a)".

Sempre que for invadido pela dor ao sentir que não foi devidamente grato e lhe vier a lembrança de que aprendeu o que está a fazer com aquela pessoa especial, por exemplo, faça este simples e bonito exercício. Diga em voz alta ou em silêncio, através da voz do coração, de olhos fechados ou não. Pegue numa fotografia ou noutro objeto e, se for oportuno, escolha fazê-lo num lugar específico que lhe traga memórias bonitas ou até no cemitério, se se sentir confortável para isso.

Se for adequado e conseguir regular a intensidade da sua dor, diga também pelo que é grato em detalhe.

– *Agradeço por aquele momento em que…*

– *Agradeço por…*

Tal como noutros aspetos do luto, quantas mais vezes se permitir a fazer este género de exercícios, mais facilmente a dor perderá a sua intensidade. Não fique preso no pensamento de que não agradeceu ou que devia ter agradecido. Faça alguma coisa.

Não menos importante, não se esqueça de agradecer a si próprio. De que vale agradecer aos outros se não reconhecemos esse sentimento de gratidão por nós? Imagino que tenha muito a agradecer-se e que ande esquecido de o fazer. Deve agradecer-se pela força que sente, embora não saiba muito bem onde a vai buscar, pela resiliência que o sustenta diariamente nas condições mais adversas que a vida lhe podia oferecer e pela capacidade de continuar a sobreviver a cada vinte e quatro horas, apesar da sua vontade ser outra.

Reconheça-o e agradeça-se. É justo.

FICOU TANTO POR DIZER

Uma vez que a nossa sobrevivência como seres humanos implica o estabelecimento e a manutenção de relações, então que estas sejam muito boas. Este é o nosso íntimo desejo com o papel que ocupamos nas relações enquanto filho(a), irmã(o), esposo(a), amigo(a), cunhado(a), madrinha/padrinho, tio(a) ou outra qualquer.

Quando a pessoa morre, ao olharmos para a função que desempenhámos, esperamos que o papel que tivemos naquela relação fosse, indiscutivelmente, positivo e tranquilo. E, de facto, acontece. Algumas pessoas enlutadas não manifestam qualquer arrependimento, uma vez que, dentro do seu quadro de referências, reconhecem e aceitam as suas imperfeições, perdoando-se a si mesmas.

Não é que as suas relações fossem melhores ou piores do que as dos outros, até porque não há relações perfeitas. Ninguém é perfeito, nem há relações exímias e magistrais – este é o nosso desejo dentro do papel naquela relação com determinada pessoa. A perfeição não passa pela relação, passa sim, pela nossa capacidade, pelo desenvolvimento dos nossos próprios recursos internos, pela nossa generosidade em aceitar que existiram momentos imperfeitos.

Para algumas pessoas enlutadas, pode ser um ponto que determine grande sofrimento manifestando, por exemplo, sentimentos de culpa, de raiva, de tristeza, de angústia e outros, por sentirem que não cumpriram os seus papéis. Segundo os seus quadros de referência, valores e princípios, quando se ama alguém, a relação estabelecida tem de ser perfeita, isto é, não pode ter qualquer tipo de falhas e não pode ser aceite de outra forma. Aos olhos deste pensamento, a pessoa enlutada é igualmente perfeita e sem qualquer tipo de defeitos.

A verdade é que todos tendemos a pensar um pouco assim. Tão distraídos que andamos com a correria da vida, achamos sempre que vamos ter tempo para resolver e reparar as nossas relações, porque não gostamos de assuntos pendentes. Achamos sempre que vamos a tempo. Perante a perda, inevitavelmente, somos confrontados com essa impossibilidade, levando-nos a vivenciar a dura realidade dessas falhas empáticas ou falhas no cuidado, podendo experimentar sentimentos dolorosos. Afinal, ninguém é perfeito.

Na verdade, o tema dos assuntos pendentes é universal, independentemente do tipo de relação. Mesmo nas relações positivas e cuidadoras, existem momentos em que foram ditas palavras, gestos ou atos, que geraram dano no outro. Estes assuntos ou temas pendentes referem-se a atos, palavras ou pensamentos que prejudicaram a outra pessoa. Nem sempre é sobre um ato real ou concreto, pode estar relacionado com aquilo que nós achávamos que devia ter acontecido segundo e sempre um determinado quadro de referências.

Como é difícil não termos aqui aquela pessoa tão especial para lhe dizermos com todas as palavras o que nos vai no coração para ter aquela última conversa, para expressar o que faltou e, talvez, para lhe pedirmos desculpa. Como é dolorosa a ideia de que lhe causámos algum tipo de dano e que isso o impactou, fosse pelas nossas palavras ou atos, ou ausência deles.

É por amarmos muito que o sentimos. Quando não amamos, é mais fácil esquecer este assunto e seguir em frente. Mas, quando o que nos une é o amor, fazemos este exercício empático de nos colocar no lugar daquela pessoa e imaginar o que ela terá sentido.

"Eu fui uma boa esposa, mas às vezes também era dura com ele."

"Não lhe dei o que ela precisava, não me portei bem, tínhamos uma relação complicada."

"Agora vejo, não fui um bom pai, sinto que falhei."

"Nos momentos em que ela mais precisava, eu não estive lá."

"Não lhe disse o quanto precisava dele."

"Não estive o suficiente com ela, não a conhecia verdadeiramente, nunca fomos muito próximas como mãe e filha."

"Tínhamos uma boa relação, mas as últimas palavras que trocámos foram difíceis."

"Tenho memórias dolorosas com ela."

"Quando era criança, estava sempre a ralhar comigo."

"Sinto-me culpada, tenho arrependimentos sobre tantas coisas. Quando penso nele, fico com um aperto no coração, parece que me custa a respirar."

"Aquilo que mais sinto é raiva por não ter resolvido os nossos problemas, ele morreu a pensar que eu não o perdoava."

Por vezes, somos nós que não entendemos porque estamos em sofrimento. Outras vezes, são as pessoas ao nosso redor que têm dificuldade em entender. É-lhes difícil compreender como é que podemos estar assim tristes se, aparentemente, tínhamos uma relação tão boa e tudo fizemos.

"Eu sei como ele era, não respondia na hora, mas ficou magoado."

"Aqueles olhos não mentiam, quando lhe disse aquilo, eu vi o sofrimento dela."

"Eu sei, ela quer que eu fique bem e perdoou-me tudo. Eu é que não consigo deixar de pensar nisto."

Se, ao ler este ponto, sente que este é um aspeto do seu processo de luto que lhe causa grande dor e sofrimento, quero dizer-lhe que não está sozinho e que é mais comum do que poderá imaginar. Importa, por isso, disponibilizar-se a trabalhar este aspeto em si, sob pena de que o adiamento acabe por ter repercussões, também nas outras relações que tem. Nem todas as pessoas conseguem resolver o sofrimento dos assuntos pendentes sozinhas e, muito sinceramente, creio que pode ser mais benéfico, conversar com uma pessoa de confiança. Alguém que seja capaz de ouvir sem julgar, que esteja disponível para acolher aquilo que sente e diz, sem fazer interpretações, que escute a sua história de vida com a pessoa perdida, assim como sobre aquilo que lhe parece ter sido a falha na mesma. Muitas pessoas enlutadas precisam de ajuda profissional especializada, neste aspeto.

Faça as suas reflexões e tire as suas conclusões. Não se esqueça, não basta saber o que causa dor e sofrimento, precisamos de fazer alguma coisa para começar. Proponho-lhe um exercício.

Exercício 8:

Pode fazê-lo sozinho, em silêncio, em voz alta ou escrevendo as respostas às seguintes perguntas. Ou pode dar as seguintes perguntas a uma pessoa de confiança, para que norteiem a vossa conversa sobre este tema. Não há respostas certas ou erradas, assim como nem todas as pessoas têm assuntos pendentes nos seus processos de luto.

1. Normalmente, os assuntos pendentes são acompanhados por sentimentos de culpa e, em algumas situações, também de raiva. Qual é o seu caso?
2. Se pudesse colocar voz nesse sentimento de culpa (e raiva), pelo dano causado (atos, pensamentos, palavras), o que diria?
3. O que aconteceu? Descreva o dano supostamente causado ou real.
4. Qual pensa ter sido o impacto do dano no seu ente querido?
5. O que deveria ter acontecido, segundo o seu quadro de referências?

6. Qual seria o impacto no ente querido, se o que não aconteceu, tivesse acontecido?
7. O que aconteceu para que não tivesse sido da forma como gostaria que fosse?
8. O que há no seu quadro de referências, valores e crenças que o faz acreditar que podia ter sido de outra forma?

Se oportuno, sugiro que com este novo olhar, volte a ler o ponto "Ficou tanto por agradecer" deste livro. Assim como há sempre lugar e tempo para agradecer, também há para perdoar, se assim for importante para nós.

Rituais de Despedida

"A caminhada do luto não termina com a descoberta de respostas, as respostas são a própria caminhada".

Payàs 2023

TALVEZ, COMO EU, o leitor seja de um tempo onde a morte acontecia, principalmente, no meio familiar. Hoje, é diferente, "a morte abandonou a casa" (Silva, 2012), e como que "banimos a morte da vida quotidiana" (Ariès, 1977). Também isso há de influenciar a nossa visão e a nossa forma de lidar com ela.

Independentemente do lugar ou deslugar (Silva, 2012) da morte, de termos estado presentes no funeral ou não, saber que ele está a acontecer ou que aconteceu, ajuda-nos a materializar a perda, conferindo-lhe um carácter real e concreto.

Para além de ser a derradeira oportunidade de estar em contacto com o corpo do nosso ente querido é, também, a garantia de que está connosco, que foi devolvido ao seio familiar para ser devidamente cuidado e acolhido, através de um espaço onde o sofrimento é validado socialmente.

O RECONHECIMENTO DA PERDA

Sabemos que os rituais de despedida são distintos de cultura para cultura entre as diferentes famílias e gerações. Independentemente da sua organização, todos são importantes e têm uma função que deve ser atendida, ao contrário do que acontece quando não dispomos informação sobre as circunstâncias da perda, como um desaparecimento. Para além da falta de informação sobre o paradeiro da pessoa, não existe constatação oficial da sociedade: não há certidão de óbito, não há corpo para nos despedirmos, nem há rituais de despedida.

Estes rituais, entre outros propósitos, têm como função primordial confirmar a morte de alguém que fazia parte de uma determinada família e que a ela se deve juntar. É, pois, o meio mais antigo e milenar de facilitar o reconhecimento de que a perda é concreta, incentivando-nos a expressar os nossos sentimentos, ao mesmo tempo que começamos a dar sentido e concretude. Isto está mesmo a acontecer!

As práticas fúnebres são repletas de metáforas, de significados familiares e sociais, assim como de manifestações públicas que criam um sentido simbólico para a experiência da perda, além de fornecer uma rede de apoio formada pelos demais membros da sociedade, tão importante neste momento de fragilidade. Este suporte, que não envolve só palavras, mas que podem ser gestos ou um abraço, pode ter um impacto mais significativo do que um discurso eloquente.

Lembremo-nos, por exemplo, das medidas de contingência e segurança durante a epidemia por covid-19, em que o contacto físico era completamente desaconselhável ou proibido, o que foi doloroso para muitos de nós.

Quando somos impedidos de estar presentes no funeral do ente querido, há o risco de desenvolvermos sentimentos de culpa, uma vez privados daquele importante momento de despedida e homenagem. A impossibilidade de vermos o nosso ente querido ou de ter um momento prévio de despedida e contacto, ainda que distante do corpo, pode aumentar a dúvida sobre o que aconteceu, aumentando a sensação de descrença em relação à morte.

De alguma forma, todos estamos mais ou menos familiarizados com os tradicionais rituais fúnebres, que incluem o velório e o cemitério. São rituais que fazem parte da nossa cultura, por inerência às tradições católicas, o que não quer dizer que não sejam desconfortáveis ou frios para as pessoas enlutadas, bem como para os restantes presentes.

Tome atenção:

Os rituais de despedida têm objetivos e funções importantes:

- Ajudam a reconhecer que a perda, de facto, aconteceu, isto é, facilitam a concretização e a realidade da perda;
- São um meio público para honrar a memória do ente querido;
- Reúnem pessoas significativas que podem ajudar e acolher a pessoa enlutada, para que não se sintam tão sozinhas e sobrecarregadas, trazendo conforto emocional e auxílio na expressão de sentimentos.

Estes espaços sociais colaboram na elaboração do luto, facilitando um lugar e contexto próprio para que as pessoas enlutadas possam compartilhar os seus sentimentos sem julgamentos, rodeados de entendimentos e aceitação, fortalecendo as recordações e memórias dos momentos bons que foram vividos, e simbolizando a importância de continuar perante a dor. Perante isto, há algumas formas de personalizar a despedida, que podem ajudar as pessoas enlutadas neste processo e momento, tornando o mesmo mais leve.

Apresento-lhe algumas sugestões que podem e devem ser personalizadas, caso lhe pareça oportuno e adequado. Todas elas podem ser feitas no dia da despedida ou noutras ocasiões em que queira honrar o seu ente querido, confortar as saudades que sente ou promover um momento para manter e eternizar as recordações.

Sendo o luto um processo individual e único, também estes rituais de despedida podem ser momentos personalizáveis:

- Identificar os gostos do ente querido e as suas particularidades;
- Saber como gostaria de ser lembrado/a e a melhor forma de o respeitar e acarinhar;

- Reunir as pessoas importantes numa refeição, podendo até cozinhar o prato preferido do ente querido;
- Ouvir as suas músicas preferidas ou pedir aos amigos e familiares que criem uma *playlist* dedicada ao ente querido;
- Compilar as fotografias e os vídeos que a pessoa enlutada tem ou pedir aos amigos e familiares que partilhem os seus, para expor no local de despedida;
- Preparar um discurso e convidar outras pessoas a compartilharem também as suas palavras;
- Pedir a uma pessoa que filme a despedida e a disponibilize online para quem não pode estar presente no momento.

Algumas pessoas decidem não estar presentes no funeral, o que sendo uma decisão consciente e voluntária, deve ser apoiado e respeitado.

O lugar do Cemitério

A relação que temos com o cemitério é única e é natural que mude ao longo da vida. Quando estamos de luto, podemos sentir-nos obrigados a frequentá-lo, seja por imposição vinda dos outros, seja por o entendermos como um dever. Importa fazermos uma reflexão individual sobre o que representa este lugar para cada um de nós. É esse exercício reflexivo que nos vai levar a uma resposta, naturalmente, variável de pessoa para pessoa.

Ir ao cemitério pode ser, ou não, uma prática que o ajude na elaboração e reparação do luto. Também neste aspeto não há uma resposta absoluta. Cada pessoa enlutada deve analisar e compreender o que representa para si, permitindo-se a mudar de ideias ao longo do tempo, se oportuno.

Muitas pessoas nos momentos seguintes à perda têm necessidade de frequentar o cemitério diariamente, algumas de o fazer várias vezes ao dia. Outras, pelo contrário, não sentem esta necessidade. Outras, ainda, no início precisam de ir com muita regularidade e depois deixam de ir, ou, ao invés, nos momentos iniciais não vão e, com a passagem do tempo, passam a precisar de ir com regularidade variável.

Tudo isto para dizer que, ir ao lugar onde deixamos o corpo do nosso ente querido é um ritual do luto individual e com representação simbólica diferente. Seja qual for o seu caso, permita-se fazer aquilo que mais o conforta no momento presente do seu luto. Talvez, nos momentos iniciais, frequente mais este lugar porque todas as células do seu corpo precisam continuar a cuidar e a interagir com aquela pessoa. Com a passagem do tempo e a elaboração do seu processo de luto, comece a reparar que as suas rotinas diárias estão mais preenchidas e não vai tantas vezes. Se é o seu caso, recordo que não tem mal nenhum. Não significa que se esqueceu do seu ente querido, mas que está a reestruturar o funcionamento diário e a encontrar outras formas de manter vivo o vosso amor, para além da rotina de ir ao cemitério.

Não existe um tempo certo, isto é, não podemos afirmar de forma generalizada que após seis meses, por exemplo, a pessoa enlutada vai com menos frequência ao cemitério. É comum que com a passagem do tempo e com o crescimento pessoal decorrido da perda, se comecem a construir novos rituais e formas de lidar com a dor. Há pessoas que colocam uma foto do ente querido num espaço específico das suas casas, outras usam um acessório como uma pulseira ou um anel, ou, então, fazem uma tatuagem, que simbolicamente vai remeter para a pessoa perdida. Passam a ser lugares especiais e amorosos de conexão com esse amor.

De igual forma, não nos podemos esquecer do sofrimento das pessoas enlutadas que, dada a distância geográfica, não frequentam o cemitério, ou dos enlutados que não são autorizados a frequentar este lugar, fosse por conflitos familiares, fosse por a relação não ser consentida, como nos relacionamentos extraconjugais, por exemplo.

"Nos dias seguintes à morte, passava o tempo todo no cemitério. Acordava e ia logo para lá. Ao meio-dia ia para casa fazer o almoço para o meu marido e, no início da tarde, voltava. Às vezes, até ia lá de noite e nunca tive medo. Pelo contrário, sentia-me bem e podia chorar à vontade. Eu sei que falavam por eu estar lá sempre, mas eu precisava mesmo de ir. Era lá que ele estava, foi lá que o deixei e precisava de estar perto dele. Parecia que não o podia deixar sozinho. Sentava-me em cima da pedra e falava com ele sobre tudo. Depois, quando voltei ao trabalho, não conseguia ir tantas vezes, tentava ir de manhã e de tarde. No início, custou-me muito, parecia que o estava a trair ou a deixá-lo sozinho e pedia-lhe desculpas. Agora, já não vou todos os dias e não sinto essa culpa. É como se ele estivesse comigo em todo o lado e não só no cemitério. Vou sempre que posso e no sábado de tarde passo lá um bom bocado a limpar e a pôr flores. É a única coisa que posso fazer por ele e faz-me bem."

"No dia do funeral foi horrível. Desmaiei duas vezes. Quer dizer, eu não me lembro, é o que me dizem. Nos dias seguintes, ia lá com a minha filha e a minha neta e só conseguia chorar e gritar. Sentava-me no muro e ficava a imaginá-lo naquele buraco escuro e frio. Isso deixava-me arrasada, era um aperto enorme no peito, uma dor tão grande que nem consigo explicar. A minha neta ficava muito atrapalhada e dizia-me que eu não podia estar assim, que aquilo me fazia mal e que assim não podia ser. Um dia estava a entrar no cemitério e caí ao portão. Não sei o que me aconteceu, foi mais forte do que

eu e o que me valeu é que estava lá a minha filha. Desde aí, não consegui voltar lá. Não vou lá há quatro meses. Ninguém me diz que tenho de ir, ninguém se mete. A minha filha vai e trata da sepultura, eu é que acho que devia ir e isso não me sai da cabeça, embora não consiga entrar lá dentro. Da minha casa vejo o cemitério, às vezes ponho-me na janela da sala a ver e penso que sou uma fraca por não ter coragem de lá voltar. A verdade é que eu sinto que ele está comigo a toda a hora. Olho para a nossa casa e tudo me faz lembrar dele. Foi ele que fez tudo naquela casa, os móveis da cozinha, o bar, a casa de banho, a entrada. Tudo. E no cemitério não sinto isso. Os meus pais estão noutro cemitério e consigo lá ir, sempre fui. Mas onde está o meu marido, não. Preciso de tempo."

"Vou lá quase todos os dias e fico a olhar para aquela fotografia tão bonita e a pensar: como é que isto foi acontecer connosco? Quase sempre levo um ramo de flores novas ou uma vela. Agora, as lojas que mais frequento são de floristas e lojas de velas. Ela era tão bonita e tinha tanto gosto na nossa casa, que eu quero que a nova casa dela também seja bonita. Quando fomos escolher a pedra da sepultura foi muito difícil. Nunca pensei ter de fazer aquilo. Demorei semanas a pensar numa frase para a lápide, tinha de ser uma frase especial e acho que escolhi bem. Depois dou uma volta pelo cemitério e vejo tantas campas abandonadas, todas sujas, sem flores, algumas partidas e sem fotografia e penso: nunca vai acontecer contigo."

"Quando o meu irmão morreu, decidimos com os meus pais que nenhum de nós ia. Ficámos em casa com alguns familiares e amigos. A certa altura, ouvi o sino a tocar, aquele barulho de morte certa inconfundível. Passaram quase vinte anos e ainda parece que o sinto.

Cada badalada era uma facada no coração. No início, ia lá com regularidade, mais para acompanhar os meus pais do que por mim. A mim não me fazia muito sentido, era doloroso, só me apetecia arrancar aquela pedra e tirar o nosso menino de lá. Hoje continuo a ir lá pouco, passam-se meses que não vou e evito passar pela rua do cemitério. Para mim, ele está comigo e em mim."

O cemitério é um lugar necessário, importante e com diversas representações que devemos atender, sem julgamento:

- Se precisa de visitar esse lugar com regularidade, porque quando cuida da campa com flores e velas fica com o coração confortado, está tudo bem.
- Se para si a morada da pessoa que perdeu é o seu coração e pensamento, está tudo bem.
- Se para si os cemitérios são sítios cheios de dor, tristeza, mágoa e não gosta de estar em contacto com essa energia, está tudo bem.
- Se para si é fundamental visitar a campa e conversar sobre a sua vida com quem lá mora, também está bem.
- Se para si faz mais sentido passear por sítios onde iam juntos e é lá onde se sente mais conectado com a pessoa que perdeu, está tudo bem.
- Se para si os restos mortais, como as ossadas, não são importantes, mas sim tudo o que fez pela pessoa em vida, está tudo bem.
- Se para si é importante ir ao cemitério quando não há movimento, para não ser incomodada, está tudo bem.
- Se para si ou para o seu ente querido fez mais sentido a cremação e a conservação ou não das cinzas, também está tudo bem.

- Se para si é necessário ir ao cemitério algumas vezes por ano e lamenta residir longe, pois gostava de compreender melhor a sua relação com este lugar, está tudo bem.
- Se para si é fundamental visitar no cemitério a pessoa que perdeu e orar junto da sua sepultura, está tudo bem.
- Se para si é impossível ir cemitério porque é um sítio assustador, que o remete para filmes de terror, cenários de crueldade, que lhe provocam medo e ansiedade, está tudo bem.
- Se para si o cemitério é um sítio de paz e conexão com o divino, também está tudo bem.

É o leitor que deve descobrir qual é o lugar que o cemitério ocupa em si. Faça as suas reflexões e perceba que impacto tem no seu processo de luto. Caso chegue à conclusão de que não está a lidar da melhor forma com este ponto ou se a sua rede de apoio manifesta preocupação sobre este aspeto, considere procurar ajuda especializada para o luto. Não precisa de viver essa dor sozinho.

Homenagear depois da Morte

Por vezes, podemos ouvir alguns comentários sobre este assunto, referindo que as homenagens devem ser feitas em vida e que depois da morte, não tem qualquer sentido. Esses argumentos fundamentam-se na ideia de que só são válidos os gestos que fazemos antes da morte e diante do ente querido, logo, todos e quaisquer que se façam quando a pessoa já não está connosco, perdem a sua validade e passam a inúteis.

Esta posição deve ser, principalmente, entendida como um incentivo para que todos façamos diariamente mais e melhor com a nossa vida na presença das pessoas que amamos. Ainda assim, a verdade, o sentido e a representação simbólica desta perspetiva, ou de outras semelhantes, cabe a cada um, salvaguardando sempre a importância de um processo de luto saudável, por oposição ao evitamento ou à negação.

Todas as formas de honrar são válidas, sejam em vida ou depois da morte. Mais uma vez, importa cada pessoa enlutada perguntar-se qual é que é o objetivo daquilo que faz para honrar ou daquilo que se recusa fazer.

É nessa reflexão que está a resposta, não no porquê.

Não há um jeito certo nem errado de viver a experiência do luto. Eu sei que a sua vontade era ter lido duas páginas deste livro e que o assunto estivesse resolvido, assim como queria ir só dois dias ao ginásio e ficar atlético, ou assistir a duas aulas de condução e já saber andar na autoestrada. Não é possível. Requer tempo, atenção, dedicação e personalização.

As sugestões que apresento de seguida são ideias que podem fazer ou não sentido para si. O objetivo é dar-lhe recursos e incentivá-lo a experimentar e adaptar à sua realidade.

Sabemos que fazer homenagens depois da morte – póstumas, são uma forma legítima de atribuir significado, ajudam a reforçar, a reconhecer e a aceitar o que aconteceu, estimulando a pessoa enlutada a continuar o seu caminho de elaboração do luto.

Afinal, o que é *honrar*? Esta palavra, embora pequena, tem muito que se lhe diga. Honrar, em rigor português, é um verbo cujo significado é distinguir, dignificar, glorificar, enobrecer, estimar, reverenciar, enobrecer, lisonjear, prezar, cuidar com respeito, tratar alguém com atenção, orgulhar-se de alguém. Isto é, criar momentos específicos para cumprir tão bonitos propósitos, é também uma forma de nos colocarmos em contacto com as nossas emoções e sentimentos, amenizando a dor, reconhecendo a vida de quem já não está aqui connosco.

Quando perdemos alguém muito especial, independentemente de a termos ou não honrado em vida, podemos sentir um impulso maior em fazer um conjunto de ações para respeitar ou fazer com que aquela pessoa seja respeitada e honrada.

Essas manifestações de apreço e homenagem a alguém que perdemos, variam e são influenciadas por diversos fatores como a cultura, as crenças, a religião, as características da pessoa enlutada, o tipo de perda, a relação com quem se perdeu, quem era a pessoa que se perdeu, as circunstâncias da perda, entre outras.

A morte não acaba com a relação
que tínhamos com aquela pessoa,
a morte transforma essa relação
que era concreta e real,
numa relação simbólica e de conexão.

É justificável que sejam feitas manifestações para a *conservar*. Sabemos também que essas homenagens podem ser concretas, como, por exemplo, ir ao cemitério, ornamentar e embelezar o espaço onde o corpo da pessoa está; por outro lado, podem ser homenagens simbólicas que não implicam um gesto ou um ritual concreto.

Há algumas datas do ano, nomeadamente o Dia dos Finados, em que talvez sinta um grande apelo da sua família, da cultura ou do meio em que está inserido, para cumprir algumas ações no cemitério. Importa compreender que, embora estas práticas históricas e religiosas tenham como objetivo claro prestar homenagem, não há certos nem errados.

Mas, há escolhas.

A pessoa enlutada deve fazer as suas reflexões e decidir se é adequado cumprir essa prática ou não, mas, nem todos consideram esta data como importante no seu processo de luto. Depois da perda de uma pessoa importante, podemos começar a atribuir significados especiais e a valorizar algumas datas e horas específicas que antes tinham uma importância relativa e que, diante da perda, passam a ser muito marcantes e grandes gatilhos de dor, quer sejam as datas de aniversário dos vários elementos da família ou do ente querido, a data em que se soube do diagnóstico, a data em que foi hospitalizado, a data em que ocorreu o acidente, a data em que ficou em coma, a data de morte, a data em que foi o funeral, dia do pai, dia da mãe, dia da família, a Páscoa, as férias de verão, o Natal, a passagem de ano ou outras.

Se se identifica com este ponto, por sentir que há uma data ou várias datas que são como gatilhos que desencadeiam um aumento de desconforto e intensificação de dor, talvez também possa ter notado que esse desconforto tende a começar nos dias anteriores. Por antecipação, poderá sentir-se mais triste, nostálgico, pensativo, a recordar constantemente os momentos que viveu com aquela pessoa, naquelas datas em tempos passados.

Verdade seja dita, não precisa destas datas para se sentir assim. As memórias e a tristeza andam sempre por aí a rondar, não é? Mas, de facto, há datas que, pela sua natureza, podem ativar mais recordações e emoções e até dar a sensação de que se está a regredir no processo de luto. Não são dias fáceis, são datas que cutucam, ainda mais, a ferida em carne viva em que se tornou.

Tome atenção:

Em dias especiais:

- Se já estava em carne viva, provavelmente, vai sangrar.
- Se já tinha começado a formar uma leve casquinha, provavelmente, ela vai sair.
- Se já tinha começado a cicatrizar, provavelmente, vai dar-lhe comichão.

Embora o tempo seja nosso aliado, não importa quanto tempo passou. Uma semana? Um mês? Um ano? Dez anos? Trinta? O tempo dessa dor não se rege pelo relógio que tem no pulso ou no telemóvel. Não importa quando ou como foi. Não importa o tamanho da nossa ferida ou como é que estamos a fazer para a cicatrizar.

Simplesmente, dói. Dói muito e nestas datas podemos sentir que ainda dói mais.

É uma dor que nos mostra a falta e a ausência.

E, conforme a data, não é só o que está dentro de nós. Há datas que, por serem efemérides como no Natal, nos dias dos namorados, no dia do pai ou da mãe, no dia da criança ou outras, o lembrete está por todo o lado, quer seja nas redes sociais, nos anúncios publicitários da televisão ou na rua. Por todo o lado, há celebrações e pessoas felizes a celebrar aquilo que nós não temos. E, claro, dói muito ver o mundo que não para para reconhecer a nossa dor.

Nesses dias, é importante que paremos e reconheçamos a dor, que nos permitamos senti-la sem medo ou evitamento. Se todos os dias é importante, nestas datas não é exceção. Lembremo-nos também que o tamanho da nossa dor é proporcional ao nosso amor. A saudade que sentimos hoje deve-se ao passado ter sido vivido. A falta grita por quem um dia foi presente.

E é aí que se lembra de tudo, tudinho. Cada momento, aquela última vez, aquela voz, aquele sorriso, aquele jeito, aquele conselho, a proteção, o abraço, o ensinamento, o olhar incentivador e até os sermões e missas cantadas que, agora olhando para trás, até têm graça. Tudo o que hoje é memória, um dia foi vivido.

Está tudo certo por nos doer, por chorarmos, por ficarmos tristes como a noite, por não querermos falar com mais ninguém, por acharmos que o que nos aconteceu é injusto. Só nós é que sabemos quão desafiante é viver estes dias. Então, vivamos esses dias conforme nos faz sentido. Não nos preocupemos com os julgamentos internos e externos.

Mais do que as vinte e quatro horas, nestes dias, pode ter a sensação de que o dia é enorme e que nunca mais acaba. Acredito que a sua vontade fosse que o dia passasse rápido, que o pesadelo acabasse logo, porque a sua ferida está a doer muito.

Talvez escolha ficar sozinho no seu canto, resguardado em silêncio, sem participar em nenhum tipo de comemoração, sem ter de estar rodeado de barulho e pessoas. Tudo bem se assim preferir. Ou, porventura, escolha (ou sinta-se impelido) a enfrentar a batalha. Talvez a sua força esteja nas pessoas que precisam de si. Também estará tudo bem.

Seja qual for a sua decisão, quero falar-lhe de duas estratégias que o podem ajudar, independentemente do que decida fazer:

1. Programe o seu dia.

Planeie com antecedência o que vai fazer ao longo das diversas horas. Ter um plano dar-lhe-á a sensação de que consegue controlar melhor o tempo e não se vai sentir tão perdido.

Nessa programação, defina em que momentos e lugares é que vai incluir a homenagem ao seu ente querido, se o desejar.

Ao invés de o fazer aleatoriamente, decida concretamente dois aspetos:

a) **Qual é o horário em que vai fazer a homenagem?** De manhã ao acordar, antes do almoço ou durante a tarde, por exemplo. Se este momento é importante para si, não o faça aleatoriamente. Planeie com antecedência, mas se não conseguir fazer conforme tinha planeado, não há problema. As coisas nem sempre acontecem como imaginamos e até pode chegar ao momento e decidir que quer fazer de outra forma.

b) **O que vai fazer?** Determine com antecedência o que quer fazer, esta é uma oportunidade para criar novas rotinas e práticas, que pode realizar sozinho ou em companhia. Pode ser uma homenagem de carácter mais simbólico, que não implica um gesto ou um ritual concreto, como fazer uma oração, ler um poema, ver fotografias, ouvir música, por exemplo. Ou uma homenagem mais concreta, como fazer uma caminhada num lugar especial, ir ao cemitério, ornamentar e embelezar o espaço onde o corpo do ente querido está, comprar flores e colocar junto de uma fotografia que tem na sua casa, fazer uma refeição em família, plantar uma árvore, fazer uma tatuagem, por exemplo. Se, chegado o dia, não conseguir fazer aquilo que planeou, não há problema, nem está nada de errado consigo, o seu processo de luto não está a regredir, nem quer dizer que gosta menos do seu ente querido por não lhe fazer essa homenagem. Isso quer dizer que precisa de descansar e continuar a cuidar de si. Não se julgue tanto.

2. Afaste-se das redes sociais (nestas datas).

Nestes dias, principalmente nas datas familiares, ou naquelas em que a nossa cultura comemora acontecimentos memoráveis, outra sugestão que faço é que não esteja muito tempo nas redes sociais. Por lá, só vai ver pessoas felizes e isso vai au-

mentar a sua dor. Proteja-se. Distraia-se com outras coisas, como fazer uma caminhada na natureza.

Ouça o seu coração, ele vai dizer-lhe o que precisa. Faça o que fizer nestas datas, o mais importante é que o seu mundo interno esteja sereno e protegido. No entanto, incentivo-o a tentar. É nesse movimento e nessas tentativas para recuperar, que vai melhorar. Faça-o ao seu ritmo, através de pequenas investidas.

Eu sei que custa ler, que não sente qualquer motivação e que, só de pensar em algumas datas, sente-se angustiado. Talvez nem ligasse muito àquela data e pensasse nela como só mais uma tradição de família, mas, perante esta nova realidade, até aquilo que não tinha grande importância, passa a ter. Há um lugar vazio na mesa. O Natal, ou outra data significativa, não voltará a ser igual, seja o primeiro, o quinto, o décimo ou o vigésimo. Sem aquela pessoa, vai sempre ser doloroso e diferente. Também por isso, motive-se a tentar. Se adiar, para o ano terá novamente a mesma dificuldade. O luto faz-se lidando com estas datas dolorosas. É vivendo-as que vai melhorando.

Tente, pare as vezes necessárias para respirar fundo, chore e observe como se sente. O luto vive-se um dia de cada vez e essa dor, em algum momento, vai acomodar-se, respeitando o seu ritmo. Pode demorar, não tenha pressa. O nó que sente pode demorar a tornar-se num laço, mas, o cordão que o une ao seu ente querido permanece. O amor permanece sempre e para sempre.

São muitas as formas de honrar a vida de quem perdemos. De entre todas, para a maioria de nós, talvez a mais dolorosa e importante seja sobreviver. Reunir forças todos os segundos, garantir condições mínimas e necessárias para continuar sem o ente querido, é a melhor forma de o honrar. Desengane-se quem pense que é fácil. Escolher sobreviver é difícil. Cada escolha ou decisão, por mais pequena ou simples que seja, é correr uma maratona ao pé-coxinho ou subir uma montanha descalço. Tudo implica um dispêndio de energia que não temos. É esse o preço da sobrevivência. Pequenas tarefas e decisões têm um custo elevado.

Sair da cama pode representar o mesmo consumo energético de uma competição de duração prolongada. Fazer a higiene pessoal pode ser uma provação e uma escolha desafiante, assim como tomar conta dos filhos, fazer a cama de lavado, levar o lixo ao contentor, lavar a loiça, escovar os dentes, pentear o cabelo, tratar de burocracias ou ouvir outras pessoas.

Todos os desafios diários são formas de honrar.

Sobreviver vinte e quatro horas de cada vez,
é uma forma de honrar quem partiu.

As tentativas e os esforços que faz para continuar a sobreviver, mesmo naqueles momentos em que está desacreditado e só lhe apetece desistir, ou quando a dor é tão intensa e pungente que parece que o rasga ao meio, são formas de homenagear a vida do seu ente querido.

Sobreviver é uma prova de amor. É confirmar a verdade do vosso amor. É não permitir que a morte acabe com a vossa relação.

Sobreviver é um protesto. É afirmar diante da vida e da morte que o vosso amor não acabará.

Perda e Luto Avançado

"A morte não leva tudo."

Carpinejar, 2021

SE A SUA PERDA ocorreu há mais de 18 meses (variável de pessoa para pessoa), é fundamental começar a observar e a compreender aquilo que está a acontecer consigo de forma mais clara, e que o vai levar à recuperação e à integração do luto.

Momentos para guardar no coração

"No início, não conseguia pensar nas coisas boas que vivemos. Sempre que pensava, começava a chorar e era demasiado doloroso. Eu até queria pensar nas coisas boas, no quanto fomos felizes, mas, mal me começava a lembrar disso, ficava tão arrasada, que mudava logo de pensamento. Era demasiado doloroso saber que não ia voltar a ter aquilo tudo. Ainda é duro, é muito duro. Ainda dói muito. Mas, parece que agora já consigo pensar nesses momentos com mais calma e até sorrir das nossas brincadeiras".

Quando o luto é recente, é natural que não existam condições cognitivas e emocionais para aceder às memórias dos momentos felizes, sem ficar em sofrimento. Não há nada de errado. É natural que tudo o que pensava, fazia ou acontecia, o remetesse imediatamente para o que perdeu. As suas emoções estavam demasiado ativas e intensas, impedindo-o de pensar nas coisas boas e positivas.

Nesses contextos, é tendência natural do ser humano pensar naquilo que o faz sofrer, naquilo que já não tem, naquilo que a vida lhe tirou, em tudo aquilo que tinha e já não existe. Acabamos por passar mais tempo a pensar na dor, do que naquilo que a vida nos ofereceu de bom. Quando estamos de luto, dada a intensidade do sofrimento a que se está sujeito, esta propensão fica muito presente. Tudo ativa a dor. Mesmo que seja algo, aparentemente, bonito e feliz, o nosso pensamento é, automaticamente, desviado para pensar no que já não temos.

Embora esta tendência seja normal, nesta altura, pode começar a sentir que está a lidar melhor e que começa a ter um novo olhar sobre o seu sofrimento. Depois de viver esse período inicial de maior choque (variável no tempo), poderá começar a notar que a sua capacidade de tolerância aumentou e que quando pensa no passado vivido com a pessoa perdida, já é capaz de regular melhor as suas emoções. Naturalmente, vai sentir dor e sofrimento ao lembrar, mas consegue ficar mais tempo nesses lugares de recordação, revendo detalhes e até comentando aspetos desses tempos passados com outra leveza.

Nesta altura, é muito importante para o seu processo de luto que faça este trabalho de rever recordações, aumentando, cada vez mais, a sua capacidade de regular as emoções, mas sempre ao seu ritmo.

O seu cérebro é um músculo e, como todos os músculos, precisa de manutenção. Parte dessa manutenção é feita quando ajuda o seu cérebro a recordar detalhes desses momentos e lugares que viveu, por exemplo.

Um dos maiores receios de quem está de luto é esquecer alguns pormenores, características físicas, detalhes pessoais e momentos da pessoa perdida.

Este receio é legítimo e sabemos que, parte dessa informação guardada no cérebro, vai acabar por desaparecer, acontece com todas as pessoas. O cérebro é um órgão, não é um gravador eterno de imagens, sons e sensações. Com o passar do tempo, o cérebro precisa de fazer uma seleção de informação, porque o seu funcionamento e armazenamento de informação é limitado e precisa de se renovar.

Uma vez que não podemos mudar as características do cérebro, nem podemos guardar toda a informação para sempre, é fundamental usar estratégias que ajudem a fazer essa manutenção e preservação. Esta estratégia que lhe vou falar de seguida pode ser muito útil e ser atualizada sempre que algo lhe despertar uma recordação nova.

Exercício 9:

Quando se sentir preparado, comece por escolher quatro ou cinco momentos especiais que viveu com a pessoa perdida que tanto ama. Pode até fazer uma lista, escrevendo e descrevendo aquilo que recorda com mais detalhe. Enquanto escreve, observe como é que se sente e, se sentir necessidade de parar, faça-o, voltando quando lhe for oportuno.

Se não gostar de escrever, pode gravar um áudio ou até um vídeo a descrever aquele momento e, depois, guarda-o com cópia de segurança, para rever sempre que quiser. Este exercício pode ser muito valioso no futuro, dada a natural tendência para esquecer alguns pormenores do passado.

O amor não se mede pelo que deixa de fazer

Depois da perda, fazer coisas novas ou retomar atividades que antes fazia, é muito difícil. Acrescido a essa dificuldade, é normal sentir algum desconforto, culpa e receio de estar a trair a memória da pessoa perdida. Pode parecer que é demasiado cedo para se interessar por coisas novas ou retomar hábitos antigos, ou, por outro lado, ter receio daquilo que os outros vão pensar. Embora todos esses pensamentos, emoções e receios sejam legítimos, incentivo-o a esforçar-se e a experimentar.

Tome atenção:

O seu amor não se mede pelo que deixa de fazer.

Viver a experiência do luto é tentar um equilíbrio entre honrar a pessoa perdida e continuar a viver de forma digna. Este equilíbrio encontra-se nas suas escolhas. O equilíbrio não vai aparecer sozinho, nem com o tempo. Implica que tente todos os dias um pouco mais, mesmo sendo muito difícil.

Pare um momento, reflita e responda com sinceridade a estas duas perguntas:

- há alguma atividade que gostava de fazer e, entretanto, deixou?
- há alguma atividade que gostava de iniciar e nunca se sentiu preparado para começar?

Este pode ser o momento certo para fazer o que desejava e tem andado a adiar. Com a sua perda, talvez, a visão da vida tenha mudado um pouco. Talvez tenha percebido que é importante aproveitar a vida e fazer o que lhe dá verdadeiro prazer. Se sente isso, sugiro que considere acrescentar, pelo menos, uma atividade nova ou entretanto parada às suas rotinas.

Os últimos tempos têm sido dolorosos e muito cansativos. Observe, para bem da sua saúde, se é chegado o momento de reconquistar atividades que lhe davam tranquilidade e prazer.

Não é cedo de mais, nem é por o fazer que ama menos aquela pessoa. Pelo contrário, manter-se saudável e ativo é a forma mais bonita de honrar, até porque só o pode fazer, se estiver saudável e ativo.

Talvez possa retomar aquelas aulas de música, de inglês ou de informática que estão paradas há muito tempo ou, quem sabe, inscrever-se pela primeira vez e aprender uma área nova. Ou, se tiver mais competências para os trabalhos manuais, pode começar a explorar essas capacidade, aprendendo com um professor ou assistindo a vídeos, dando asas à imaginação dentro de tantas opções como a costura, a encadernação, os bordados, peças decorativas, manutenção de bens domésticos, artesanato, tecelagem, pintura de azulejos, desenhar mandalas ou outras figuras, dedicar-se à marcenaria ou restauração, fazer um pequeno jardim na varanda de casa, agricultura, trabalhos em papel, inscrever-se como voluntário ou começar um diário para relatar os seus pensamentos e sentimentos. Faça atividades que melhorem a sua criatividade. Dedique-se a ocupações que facilitem a sua expressão artística.

Talvez ache que não tem jeito para nenhuma atividade, mas isso não é verdade. Porventura, não vai gostar ou ter especial apetência para as que referi. Lembre-se do que fazia na escola e tinha tanto sucesso ou do que gostava de aprender. Ninguém nasce ensinado, todas as atividades implicam um começo com dificuldades, mas com treino e persistência vai chegar a um ponto de maior satisfação.

E, se tiver de mudar, faça-o. Mude tantas vezes quantas necessárias até encontrar aquela que lhe traz mais satisfação. Faça aquela que mais facilite a sua expressão, que sinta que é uma ação simbólica da sua experiência interior da perda.

Exprimir aquilo que sentimos por palavras, pode ser muito difícil. Use essas atividades, vão ajudá-lo a aproximar-se dos mistérios da vida. Faça-o a partir do coração, não da mente. É mais fácil sentir a vida quando mexemos com as mãos na terra, ouvimos música ou pintamos um quadro. O amor vem do coração, não da mente.

Por onde quero ir

Se, nos meses seguintes após a perda, a sugestão era que definisse objetivos a curto prazo, com 18 meses passados (variável de pessoa para pessoa), aconselho a que inclua nessa lista um objetivo novo a longo prazo. Não é necessária uma decisão radical, pelo contrário, defina um ou mais objetivos pequenos, mas realistas. Sugiro que pare um momento e reflita sobre aquilo que pretende alcançar. Para facilitar esse processo e torná-lo mais concreto, recomendo que escreva, expondo as suas intenções de futuro.

Este exercício é útil porque dar-lhe-á estrutura, esperança e propósito. Pense nele como um guião ou um roteiro para definir a orientação dos próximos tempos. Ao fazê-lo, vai sentir que há organização, que sabe por onde quer ir e qual o caminho a percorrer. Quanto mais avançar, mais fácil se tornará.

Depois de tanto tempo mergulhado na sua dor e com tantos momentos de confusão, é natural que lhe pareça que esta estratégia não tem sentido e que não trará benefícios. No entanto, quero incentivá-lo a experimentar. Os benefícios de definir objetivos a longo prazo, no momento atual do seu processo de luto, são absolutamente importantes. É oportuno e saudável imaginar o seu futuro. Embora seja doloroso projetar sem a pessoa que perdeu, passados tantos meses, é esperado que o faça.

Faça ao seu ritmo e sem pressões. Para o ajudar a escrever, deixo-lhe duas questões que pode responder e, a partir das mesmas, formular as suas intenções a longo prazo, quer sejam internas ou externas.

– *Quando pensa em si daqui a alguns anos, como deseja ver-se?*

– *O que pode começar a fazer agora para melhorar a sua condição futura?*

A JUSTIFICAÇÃO PARA O QUE ACONTECEU

Embora haja quem não o reconheça, todos nós temos uma parte/ dimensão espiritual que impõe questões e respostas difíceis, que perseguem o ser humano ao longo da sua existência. É essa parte que nos leva a formular os questionamentos mais profundos e envoltos de significado. Talvez esse seu lado o questione deste jeito:

– *De onde viemos e para onde vamos?*

– *A morte é o princípio da transição ou o final da existência?*

– *É o fim do corpo físico ou a libertação da alma?*

– *Existirão outras vidas?*

– *Será a alma imortal?*

– *E ao espírito, o que acontece depois da morte física e em que condições?*

– *Será que cada existência física é uma experiência individual de evolução?*

– *Chegaremos à perfeição divina?*

– *O que há do outro lado da morte?*

– Quanto tempo viveremos e como será a vida?

– Os vivos têm o direito de saber o que acontece com os mortos?

– Temos o direito de saber como e quando será a nossa morte ou a dos nossos entes queridos?

– Podemos preparar-nos para esse momento?

– Se ninguém é de ninguém, porque temos tanto medo de perder o que não nos pertence?

– Porque morrem as crianças e as pessoas saudáveis?

– Porque é que alguns morrem durante o sono e em silêncio e outros lutam em sofrimento até ao último suspiro?

Que outras questões acrescentaria?

Embora as perguntas e os esforços para alcançar respostas sejam antigos, a verdade é que não dispomos de verdades absolutas. Dispomos de respostas individuais, que podem mudar ao longo da nossa vida. São os diversos acontecimentos da nossa vida que vão despertar e legitimar esses questionamentos, levando cada um a tentar encontrar respostas à sua maneira e do seu jeito.

Se está de luto, é natural que, mais do que antes, dê por si a refletir sobre esta parte existencial ou espiritual. A par disso, talvez repare que tem mudado de opinião, de resposta e de entendimento sobre alguns desses temas que dava como inquestionáveis. Se é o seu caso, quero dizer-lhe que não há nada de errado. É razoável que algumas das suas convicções tenham mudado. Que aquilo em que acreditava, coloque agora em causa e em dúvida. Observe como as respostas mudam diversas vezes ao longo do tempo e como vão acompanhando o seu processo de luto.

Questões existenciais nem sempre têm respostas simples. Estas, muitas vezes, encontram-se no coração e não na mente, mas ainda assim, imagino que não sirvam para todos os leitores. Porventura, aquilo que precisava era de uma resposta objetiva que o ajudasse a entender porque é que aquilo aconteceu e ficou sem a pessoa que ama. Bem sei que sim.

No entanto, não é este livro, nem alguém, que lhe vai dar as respostas que procura. A verdade está dentro de si e no caminho que percorreu nos últimos meses. O processo que está a fazer é que dá sentido à sua existência e à vida.

Quer seja religioso ou não, os questionamentos existenciais que sucedem à perda são um grande desafio na estrutura simbólica e real. Os praticantes de qualquer religião podem ter dúvidas, levando a que reconsiderem verdades e crenças, anteriormente irrefutáveis e válidas. Quer seja crente ou não, quer tenha uma religião ou não, os questionamentos existenciais são legítimos. Descobrir uma justificação ou um sentido para o que aconteceu, pode ser uma parte importante e indispensável para o seu processo de recuperação do luto, seja através de uma perspetiva religiosa, existencial, humanista ou espiritual.

Quando estamos de luto, procuramos uma justificação para o que aconteceu, isto é, um significado. Porém, nem sempre é possível e acabamos por justificar com frases como estas:

"Isto aconteceu para eu aprender a ser mais maduro";

"Acontece a todos e eu não sou diferente, é a lei da vida";

"Tenho de aceitar a vontade de Deus porque Ele é soberano e sabe o que faz";

"A vida está a testar-me e eu aceito o que ela tem para mim";

"Aprendi muito com esta experiência e nunca mais serei o mesmo".

Para algumas pessoas enlutadas, explorar o significado de uma perda é um trabalho mental. É um exercício profundo e exigente, que implica examinar minuciosamente a própria vida, identificando e reconhecendo o sistema de crenças, convicções, opiniões e valores que suportam e auxiliam a nova realidade que advém da perda. Outras não atribuem significados desta ordem à morte ou ao luto. O sentido que empregam ao que aconteceu é objetivo:

"A vida é como é e aquilo aconteceu porque a vida é assim. Eu aceito-o, não há outra explicação além desta".

A exploração da sua espiritualidade pode ser um trabalho menos cognitivo, sem atribuição de significados. Pode ser uma exploração que começa no seu coração e que quebra todas as barreiras do inexplicável, que se abre e deixa ir, sem ter explicações, sem respostas ao "porquê" ou ao "para quê", reconhecendo e aceitando incondicionalmente aquilo que é inevitável e faz parte da vida.

Independentemente de ser uma pessoa mais ou menos espiritualizada, é fundamental que se permita e que se disponibilize para experiências internas. Embora sejam sugestões generalizadas, as que lhe deixo abaixo, aplique as que lhe forem mais adequadas para o momento presente do seu luto. Dê-se permissão a tentar. É possível que algumas estratégias sejam totalmente novas, que de momento não o ajudem, mas revelar-se oportunas mais tarde.

Exercício 10:

O silêncio consciente reduz a intensidade da dor. Esta prática tem como objetivo usar o poder do silêncio a favor do seu processo de luto. Comece por criar um espaço acolhedor na sua casa, onde possa estar recolhido sem ruídos ou a ser incomodado. Um lugar de recordações, onde se permita a sentir e a expressar a dor e o sofrimento. Pense neste local como um lugar puro, sagrado, íntimo. Algumas pessoas gostam de personalizar este recanto, usando elementos que facilitem a paz interior ou recordações do ente querido que lhes trazem reconforto.

Sugiro que aprenda a reduzir a intensidade do seu sofrimento, escolhendo prestar atenção a si e às sensações que surgem no seu corpo. Fazer isso de forma consciente é muito benéfico e ajudará a aliviar a tristeza, a ansiedade, a angústia, a raiva, o medo ou pensamentos persistentes, mostrando novos e esquecidos percursos neuronais, sensoriais e físicos, legitimamente ausentes nos últimos meses.

No início, pode ser difícil fazer este exercício por mais de três ou cinco minutos. Por isso, comece por pequenos períodos e vá aumentando, conforme a sua capacidade de estar em silêncio. Encontre uma posição confortável, quer seja sentado numa cadeira com os pés no chão, encostado num sofá, em cima de uma almofada no chão ou deitado na cama. Todas as opções são válidas, desde que se sinta confortável e aconchegado. Feche os olhos (se for confortável para si) e respire fundo duas vezes. Sinta o ar a entrar, preenchendo todas as suas células e, posteriormente, sinta o ar a sair, até não haver mais ar para expulsar. Em silêncio, preste atenção à respiração, acalmando-a ao seu ritmo. Nesse processo, poderá reparar que surgem alguns pensamentos e emoções. Não há problema se acontecer. Volte a concentrar-se na respiração e observe como consegue colocá-los à distância. Faça-o tantas vezes quanto necessário.

Parece simples, mas observar com calma a nossa respiração não é fácil. Continue em silêncio, sem julgamento, respeitando todos os pensamentos que vão surgindo e dando-lhes permissão para que desapareçam. Estamos tão habituados a que faça a sua parte, que não lhe damos a nossa atenção e o devido reconhecimento.

Este exercício pode e deve ser feito em qualquer contexto, momento ou lugar. Sempre que for invadido por pensamentos ou sentimentos que precise de regular, recolha-se um pouco. Feche os olhos, respire profundamente, serene os pensamentos e as emoções difíceis sem fazer qualquer julgamento sobre os mesmos, e fique alguns minutos a observar a sua respiração, abrindo novos caminhos para a recuperação, equilíbrio e integração do seu luto. Depois disso, com toda a certeza vai sentir-se mais calmo e sereno para enfrentar o que o espera lá fora.

A utilização de música ou de meditações guiadas gravadas podem ser um recurso interessante, porém, os seus conteúdos devem sempre ser avaliados, individual e antecipadamente.

Tome atenção:

A espiritualidade nada tem que ver com a religiosidade. A espiritualidade é uma viagem interior, é criar conexão e uma ligação profunda com quem se é e com o que se veio aqui fazer.

Independentemente de ser religioso ou não, a espiritualidade anda de mãos dadas com a criatividade, principalmente artística. Grandes artistas descobriram as suas competências e capacidades a partir de estados de dor.

Exercício 11:

Muitos dos meus pacientes descobriram na arte uma forma poderosa de expressarem os seus sentimentos. Alguns, fazem hoje trabalhos incríveis, como objetos para decorar a casa, para uso próprio ou para vender. Seja qual for a área de expressão artística, há uma infinidade de habilidades e talentos que só agora estarão prontos para conhecer a luz do dia.

Mesmo que não tenha jeito ou aptidão, incentivo-o a tentar e a experimentar tudo o que fizer sentido.

Olhar para dentro e externalizar através de atividades artísticas, é um poderoso meio para facilitar internamente a sua experiência de perda. Neste momento do seu processo de luto, incentivo-o a retomar atividades antigas ou a explorar dinâmicas novas. Seja através da música, da pintura, da escrita ou outra atividade que facilite a expressão daquilo que não consegue entender ou que o preocupa.

Os segredos e mistérios da vida e da morte não são entendidos pela mente. A expressão criativa é o reflexo do nosso coração, aproxima-nos daquilo que não tem resposta, ajuda-nos a entender, sentindo. As ações promovidas pelo coração são sempre e, sem exceção, as mais corretas, mais iluminadas e gratificantes.

Abra-se e ficará surpreendido.

O processo de luto não termina
com a descoberta de respostas,
as respostas são o próprio processo.

Acolher Pessoas Enlutadas

"A dor do luto é tanto parte da vida quanto a alegria de viver; é talvez o preço que pagamos pelo amor, o preço do compromisso. Ignorar esse facto ou fingir que não é bem assim, é cegar-se emocionalmente, de maneira a ficar despreparados para as perdas que irão inevitavelmente ocorrer na nossa vida, e para ajudar os outros a enfrentar as suas próprias perdas."

(Parkes, 1996, p. 22)

É DOLOROSO VER ALGUÉM de quem gostamos a sofrer. As pessoas que gostam de si, naturalmente, andam mais preocupadas e dizem que não o querem ver assim, que tem de ser forte para superar o que está a acontecer. Que essa dor vai passar porque não pode ficar dessa maneira para sempre. Que precisa de reagir e encorajam-no a olhar para o futuro, prometendo que tudo ficará melhor.

DORES INCONSOLÁVEIS

"Eu vejo como ela está triste. Na verdade, nunca mais foi a mesma pessoa desde aquilo que aconteceu. Era uma pessoa cheia de vida, alegre, sempre disponível para uma festa de família, sempre bem-disposta, não sei... era uma pessoa feliz e gostava que todos estivessem bem ao lado dela. Olhar para ela agora é como ver uma desconhecida, uma miragem do passado, não é a mesma pessoa. Parece que o coração dela partiu e não há maneira de voltar a ter vida dentro dele. Eu tento tudo, mas... sinceramente, já não sei mais o que posso fazer. Tento consolá-la de todas as formas, mas parece que não consigo tirá-la daquele buraco, está sempre a pensar e a falar daquilo que aconteceu... Outras vezes, fica muito calada, parece que está perdida nos pensamentos e só chora ou diz que não tem mais lágrimas. Como é que eu a consolo? Como é que isso se faz? É difícil vê-la a morrer aos poucos e não fazer nada. Eu já lhe disse isso e até lhe pedi para ela se animar, pelo menos por mim que estou aqui, mas não funcionou. Parece que, agora, mais ninguém importa para ela. Não sei... não consigo ver isso diante dos meus olhos e fazer de conta que não está a acontecer".

As pessoas que o rodeiam dão sugestões para o ajudar a lidar mais rapidamente com a sua dor. Dizem o que fariam se estivessem no seu lugar. Falam sobre as suas perdas, a superação do passado, como se, ao lhe contarem sobre o sofrimento delas, fosse fazer diferença no seu sofrimento ou como se o luto fosse igual para todos. Sejam familiares, amigos mais íntimos ou conhecidos das redes sociais, têm uma opinião sobre o seu luto e a forma como está a lidar com a perda. Há muito a dizer, como se sentissem uma necessidade incontrolável de avaliar e dar sugestões. Sentem uma urgência de o salvar e resgatar dessa dor em que está mergulhado.

Querem, à força, consolar o que não pode ser consolado.

É natural que lhe queiram dar consolo e incitem para que fique melhor. Claro que querem que se sinta mais fortalecido, a intenção com que lhe dirigem palavras e gestos de incentivo é legitima e com boa intenção. Faz parte da natureza humana proteger os seus. Ver que as pessoas que conhecemos e gostamos estão em sofrimento, traz desconforto. É por isso que tentam de tudo para que deixe esse registo de tristeza. Contam sobre as suas perdas do passado, relatam histórias de outras pessoas que conhecem ou viram nas redes sociais, convidam para sair, emprestam livros, sugerem filmes. Querem dar-lhe aquilo que acreditam que elas precisavam se estivessem no seu lugar, mas, a verdade, é que não estão. Por isso, nada do que digam ou façam, resulta verdadeiramente.

Ver a tristeza e a dor no outro é muito confrontativo. É como se olhássemos para um espelho e víssemos refletida a realidade que não queremos para nós.

Ninguém quer estar no seu lugar. Ninguém quer pensar, sequer, como é estar no seu lugar.

Quando essas pessoas estão consigo e veem a sua dor, são invadidos pelo medo e receio de estar nesse mesmo lugar. Como não querem pensar nessa possibilidade, como é demasiado doloroso considerar a hipótese do seu lugar, ao invés de ficar em silêncio ou perguntar como é que podem ser prestáveis verdadeiramente, acabam por optar pelo caminho mais fácil: distrair, resgatar, tentar salvar da dor, dar sugestões. Aliás, é tão comum que seja assim que, se pensar bem no seu passado, talvez também já tenha sido aquela pessoa que anima quem está de luto.

Talvez também já tenha dito a uma pessoa enlutada:

– *A vida é mesmo assim, precisamos de ser fortes...*

– *Compreendo bem a tua dor...*

– *Não podes continuar fechada em casa porque ele(a) não ia gostar de te ver assim...*

– *És muito nova e tens a vida toda pela frente...*

– *Precisas de reagir, sair, ir ao cabeleireiro, pôr-te bonita, ir ao ginásio, retomar a vida...*

Todos queremos ajudar e ser ajudados. O problema é que, quando não estamos de luto e estamos com um enlutado, não paramos para pensar: como foi quando estive de luto? O que é que me disseram e magoou? O que é que me disseram ou fizeram e me reconfortou? O que era importante que me dissessem ou fizessem e não aconteceu? Como será estar naquele lugar hoje?

Não que as respostas a estas perguntas sirvam para si se estiver em luto. As respostas de quem não está de luto são diferentes das suas, obviamente. Mas, seriam um bom ponto de partida para acolhê-lo melhor.

Quando estamos de luto, queremos receber o que achamos que seríamos capazes de dar se não estivéssemos naquele lugar. Queremos receber a ajuda que daríamos se estivesse outra pessoa ali, naquele sofrimento. Quando recebemos o oposto ou menos do que queremos e precisamos que os outros digam e façam, a nossa dor aumenta, como se não bastasse já a dor da perda da pessoa amada. Quando não se recebe apoio, acolhimento, conforto e autorização para viver o luto, conforme se precisa, é legítimo ficar constrangido e sentirmo-nos desconsiderados e sozinhos. O mesmo acontece com as pessoas que tentam ajudar. Ao invés de se sentirem úteis e eficientes, acabam por se sentir frustradas, ignoradas e indesejadas.

Parece que ninguém consegue ter aquilo que deseja e precisa. Não é que a sua maneira de viver o luto esteja errada ou que as pessoas que o rodeiam sejam insensíveis. É importante reconhecer que estar no seu papel é muito difícil e que a forma como o tentam confortar não é reconfortante. Embora o que eles digam esteja certo e seja com boa intenção, pode causar dano.

O luto pela perda de alguém que se ama, não pode ser consolado.
É inconsolável.

Se o leitor estiver a ler este livro porque alguém das suas relações está de luto e isso o preocupa, a minha sugestão é simples: **ouça mais e fale menos.** Eu disse que lhe dava uma sugestão simples, não disse fácil.

Comece por compreender que não existem palavras certas para consolar a dor, mas sim gestos e atitudes que podem dar conforto e segurança. Aqui vão algumas sugestões:

- Pergunte de que forma pode ser útil para ajudar com as tarefas diárias, com os dependentes a cargo, com aspetos burocráticos, sem ser intensivo, assegurando a satisfação das suas necessidade básicas diárias, sem impor ritmos e horários rígidos, respeitando a manifestação da sua dor, sem dar conselhos, sugestões ou dicas;

- Ouça a história da perda vezes repetidas, oferecendo silêncio, colo e ternura.
- Disponibilize-se (temporal, mental e emocionalmente) para estar com a pessoa enlutada. Só a vai conseguir ajudar se, de facto, tiver estiver com ela. Se não tem estes três tipos de disponibilidade, não se comprometa, nem a procure. Estar disposto a ajudar, é assumir que se tem disponibilidade, é ter um compromisso com flexibilidade de horários e manifestar recetividade perante todas as reações e emoções, mesmo que não as compreenda. E lembre-se: este é o tempo da pessoa enlutada.

Todos nós já passámos por situações constrangedoras perante uma pessoa enlutada, por não sabermos o que dizer ou fazer. Queremos ajudar, dizer alguma coisa, ter um comportamento ou uma atitude adequada, mas temos dúvidas de estar a ir de encontro ao que ela precisa. Hesitamos, ficamos sem jeito, não encontramos as palavras certas, evitamos o contacto visual, não sabemos se devemos aparecer na sua casa, diminuímos as mensagens que eram frequentes, mudamos de passeio quando a vemos na rua.

Mesmo sem sabermos muito bem o que fazer ou dizer, é natural e comum querer ajudar, querer ser prestável e acolhedor perante a dor daquela pessoa de quem tanto gostamos. O problema é não termos sido ensinados a lidar com este tipo de circunstância.

Há algumas frases e expressões que passaram a ser comuns nestes contextos, que de tão disseminadas e repetidas, parecem adequadas quando proferidas. Mas, a verdade é que muitas delas tendem a provocar mais sofrimento do que alívio ou conforto à pessoa enlutada.

O QUE PODE DIZER, AO INVÉS DE "OS MEUS PÊSAMES"?

Perante uma ocorrência de perda por morte, muitas vezes, ficamos sem saber o que dizer, como se as palavras tivessem sumido. Mesmo que nunca tivesse estado com a pessoa que morreu, ver a pessoa de quem gostamos arrasada, porque ela perdeu uma pessoa importante, toca-nos profundamente e pode deixar-nos um pouco em choque, meio perdidos.

Quando estamos nesse lugar, tende a ocorrer-nos algumas frases prontas ou clichés, como por exemplo, "os meus pêsames". Não é que esta expressão seja desadequada, pois emprega a palavra "pêsames" que, em bom rigor português, significa "expressão de pesar pelo falecimento ou infortúnio de alguém". Sendo esta expressão tão comum e vulgarizada, acabou por se tornar um pouco impessoal. A sua expressão é já automática, com um possível pendor de formalidade, cumprindo um certo protocolo e simples cortesia.

Num momento de tanta dor, ouvir uma expressão formal e fria, pode não ajudar. O que, certamente, ajuda é receber algo personalizado, adaptado, que vá de encontro às necessidades e satisfaça o propósito daquele contacto. Dar-se ao trabalho de ir ter com a pessoa enlutada e nada lhe dar, não tem sentido. Para isso, não perca o seu tempo.

Aquela pessoa acabou de perder alguém especial, perdeu uma relação única, perdeu uma pessoa que lhe dava o mais importante e determinante para a sua sobrevivência, que é a sensação de segurança. E claro, está profundamente triste. Logo, aquilo que ela mais precisa é de sentir que as outras relações que tem são de qualidade e que lhe dão segurança.

Frases, expressões e gestos que ajudam e acolhem as pessoas enlutadas:

- *Dou-te os meus sentimentos.* (há lá coisa mais bonita e importante para se dar do que os nossos sentimentos? É o mesmo que dizer: "eu dou-te o melhor de mim, usa para tudo o que precisares".)
- *Sinto muito pelo que estás a passar!*
- *Sinto muito pela tua perda. Ele(a) era uma pessoa muito querida por todos.*
- *Ele(a) era uma pessoa muito amada, eu gostava muito dele/a e nunca o/a vou esquecer.*
- *Não tenho muito para dizer, apenas que gosto muito de ti e vou ficar aqui perto de ti.*
- *Não tenho palavras para expressar o que sinto.*
- *Tenho pensado em ti todos os dias.*
- *Gosto muito de ti e estou aqui para ti.*
- *Este é o meu número de telemóvel. Se precisares de falar ou de outra coisa qualquer, liga-me a qualquer hora. Se não ligares, posso ligar-te eu?*
- *Posso voltar daqui a uns dias para te ver?*
- *Gostava de estar um bocadinho contigo. Podemos ficar em silêncio ou conversar, como te apetecer.*
- *Precisas de estar sozinha ou queres que te faça companhia?*
- *Não consigo imaginar o que estás a passar.*
- *Quando te ouço a falar, tento imaginar como deve ser difícil para ti.*
- *Quero dizer-te que podes contar comigo.*

- *Queres sair e eu faço-te companhia?*
- *Posso dizer ao nosso grupo de amigos/colegas de trabalho para contactarem contigo?*
- *Todos os dias são difíceis e um grande esforço, não são?*
- *Deves estar muito cansada.*
- *Como te sentes?*
- *Precisas de falar?*
- *Queres falar sobre como foi...?*
- *Há alguma coisa que eu posso fazer para te ajudar na tua rotina ou em questões burocráticas?*
- *Posso fazer alguma coisa por ti? Cozinhar, levar o lixo ao contentor, algum recado?*
- *Conta comigo para falar ou para te distrair. Conta comigo para o que precisares, seja o que for.*
- *Descansa, eu estou aqui ao teu lado.*
- *Lembraste quando (relata um momento bom e alegre para ajudar na elaboração do luto)?*
- *Passou algum tempo, mas continua a ser muito difícil.*

Embora apresente aqui várias opções de abordagem, na verdade, ouvir é mais importante do que falar, nestes casos. Por vezes, pode sentir que não há palavras certas ou suficientes, o que não quer dizer que tem de dizer mais coisas, ou que precisa de inventar novos assuntos, ou que está a falhar, porque a pessoa não lhe está a responder ou a colaborar. Lembre-se, o silêncio também fala.

Abra um espaço para que a pessoa exprima os seus sentimentos, seja por palavras, por silêncios, por gestos, atitudes, abraços, lágrimas ou outra forma qualquer. O seu papel não é fácil. Muitas vezes, pode até sentir que quanto mais ajuda, pior é. Já sentiu isso? Se sentiu ou sente, quero dizer-lhe que é bom sinal, quer dizer que está a ser presente e, provavelmente, um bom amigo ou familiar, embora possa estar a pensar e a sentir o contrário.

Se é alguém que convive com uma pessoa enlutada, é esperado que sinta algum desalento, que nem sempre compreenda o que está a acontecer, que esteja cansado de tentar, que sinta que não está a ajudar e até que está a atrapalhar um pouco. O seu papel de apoio é muito importante, mas nada fácil. Aliás, é muito difícil estar no seu lugar.

Não desista.

Aquilo que a pessoa enlutada está a vivenciar é muito complexo e, por vezes, ela pode ter muitas dificuldades em se explicar, fazendo com que se isole ou evite tocar no assunto. Não é nada contra si. Conforme sugeri anteriormente, pergunte diretamente como é que a pode ajudar, se a pessoa quer falar.

Se a resposta for NÃO, respeite.

Se a resposta for SIM, fique em silêncio a ouvir, sem interromper, sem julgar, sem revirar os olhos porque já ouviu aquela história centenas de vezes, sem contar as suas histórias de perdas e lutos, sem dar conselhos nem palpites.

Ouça só.

Mesmo que já saiba a história de trás para a frente, ouça e mostre curiosidade. Se já se disponibilizou mas, do outro lado há sempre recusa e evitamento, podemos estar perante duas hipóteses:

- A pessoa enlutada não quer e/ou não consegue;
- A pessoa enlutada não sente à vontade consigo para desabafar.

Embora o seu papel seja complexo, que o é e muito, lembro também que este não é o momento para avaliar a vossa relação, nem para desistir da pessoa enlutada. Não é a ocasião para analisar se são amigos de verdade e qual a profundidade da vossa relação.

Se quer ajudar, pergunte como. Não se ponha a adivinhar ou a interpretar, porque não é consigo, não é na sua pele.

Ajudar uma pessoa enlutada implica abrir o colo e o peito para que ela possa expressar a sua dor.

Esta abertura não é fácil, tende a ser muito cansativo e desafiante. Assistir ao sofrimento sem poder acabar com ele, é um teste à nossa resistência, porque o ímpeto natural é tentar animar e distrair. Como já referi, só devemos oferecer, de facto, o nosso apoio e disponibilidade, se estivermos disponíveis para estar presentes e para ouvir sem julgamentos. Sem estas condições, não ofereça os seus préstimos.

Tome atenção:

O que pode fazer:

- Estar presente, mas sem fazer cobranças ou exigências;
- Seja atento, sem criar expectativas sobre o luto da outra pessoa;
- Ofereça-se para fazer tarefas simples do dia a dia, não tome iniciativa sem consentimento;
- Seja bom ouvinte;
- Fale menos e ouça mais;

- Reconheça com palavras as dores e as dificuldades da pessoa enlutada, usando as palavras dela;
- Tenha paciência, compaixão e não dê conselhos genéricos;
- Convide para uma atividade que a pessoa goste, como assistir a um filme ou dar um passeio. Se recusar, não fique ofendido, volte a convidar com o mesmo carinho noutro dia;
- Abra espaço a uma conversa sobre quem morreu, ouça tudo o que a pessoa precisar de contar;
- Seja paciente e atento, ouça e permita que a pessoa enlutada conte a sua história repetidas vezes.

Algumas pessoas precisam de sentir conforto físico como um abraço. Não tenha receio de questionar se essa é a melhor forma de auxiliar nesse momento.

O QUE NÃO DIZER A UMA PESSOA ENLUTADA

Para além do especial cuidado com as nossas ações, é igualmente importante ter atenção ao que nunca deve ser dito e feito, sob pena de causarmos danos, ainda que a nossa intenção não seja essa. Nestes momentos tão dolorosos, o apoio das pessoas queridas é muito importante, mas também é aqui que se ouvem mais palavras e expressões danosas, frias ou indiferentes, não é?

Este é um trabalho individual que começa em cada um. Mesmo que no passado tenha dito ou feito coisas que, agora mais esclarecido, compreende que possam ter causado danos, ainda vai a tempo. Da próxima vez que estiver nesse papel de suporte, procure dentro de si o melhor, seja verdadeiramente genuíno e adapte aquilo que diz à pessoa enlutada, de acordo com a história de quem tem à sua frente. Lembre-se que não está a sofrer mais do que ela.

Este momento é sobre o luto dessa pessoa, não é sobre os seus lutos. Embora não exista um guião de instruções rígido que nos indique como agir, existem orientações, como as que lhe vou mostrar, e que o leitor deve adaptar ao contexto em causa. Deixo-lhe, ainda, uma possível reflexão sobre algumas expressões e a sua validade. Tire as suas conclusões.

"O(a) falecido(a)..."

Antes de se dirigir a uma pessoa enlutada, procure saber sempre o nome próprio de quem morreu. Refira-se ao mesmo pelo seu nome e evite usar o termo "falecido". Embora os adjetivos sejam importantes e possam ser utilizados nestes contextos, este é um a evitar. A pessoa enlutada sabe que o seu ente querido morreu, é por isso que está naquela condição. Recalcar esse aspeto com este género de palavras, tende a aumentar muito o sofrimento porque é um tipo de adjetivo pouco empático. Dê preferência a frases personalizadas e use sempre o nome pessoal, exceto se a pessoa enlutada pedir para que não o faça.

Quando estamos de luto é importante conversar, organizar ideias, partilhar histórias, reviver momentos, o que implica dizer o nome do ente querido. Se quem estiver ao redor, não falar abertamente, pode causar mais dor. Não tenha receio. Não é por dizer o nome que vai aumentar a tristeza, o que aumenta a tristeza é a sua indiferença.

"Não chores, não estejas assim, ele(a) não ia gostar de te ver sofrer"

Esta expressão diz muito sobre a aflição do emissor, que não sabe o que fazer perante o choro e sofrimento da pessoa enlutada. O que é dito nesta expressão é que a pessoa não deve sofrer porque aquele/a que morreu vai ficar "perturbado" por a ver sofrer. Mas quem é que quer ser responsável por causar dor a alguém que acabou de morrer e que tanto a ama? Será que não é suficiente sentir a maior dor do mundo, não saber, com toda a certeza, onde o ente querido está e ainda ser-lhe dito que pode interferir no bem-estar do mesmo? Não parece injusto e desajudado? Não parece que pode aumentar os sentimentos de culpa e inibir a expressão legítima de dor?

"Foi melhor assim"

Perder alguém que amamos nunca é bom, mesmo perante circunstâncias de morte antecipadas, envolvidas num processo de grande sofrimento, cuja qualidade de vida estava em causa. Até nestas situações, nada justifica tal afirmação. Uma coisa é a pessoa enlutada sentir algum alívio porque o sofrimento da pessoa amada terminou, outra é dizer-se que foi bom ou melhor.

"O que estás a passar acontece a todos."
"A vida é feita de ciclos, a mim também me aconteceu."
"A vida é uma roda, calha a todos."
"Nascemos para morrer, não somos nada."

Estas frases são verdadeiras, sabemos que vivenciar experiências de perda e de luto é universal. No entanto, não são expressões empáticas, não têm força suficiente para acolher a dor ou sequer reconhecer devidamente o sofrimento. São constatações desprovidas de sentimentos e frias.

"Ainda és nova, podes casar novamente / ter outros filhos"

Embora a intenção seja motivar, aquilo que passa é que o emissor acha que a pessoa que morreu pode ser facilmente substituível, porque a entende como dispensável. Ora, é completamente o oposto do que a pessoa enlutada está a sentir. Aquilo que a pessoa enlutada queria neste momento era ter consigo aquele/a ente querido que perdeu, não outras que nunca vão ocupar aquele lugar especial.

"Eu imagino o que estás a sentir."
"Sei muito bem pelo que estás a passar."

Por mais que consigamos imaginar e é legítimo que consigamos fazer o exercício mental de nos colocarmos no lugar do outro, por termos também processos de luto, a dor daquela pessoa é única e diferente da nossa. Nunca há dois lutos iguais. Este género de expressões tende a despertar sentimentos de zanga e raiva, pela comparação estabelecida.

"Vai passar, só custa o primeiro ano."
"Daqui a algum tempo a vida volta ao normal."

Sabemos que não há um tempo definido para que o sofrimento e o luto terminem. Esta referência temporal é redutora e pode até assustar a pessoa enlutada ao imaginar-se naquele sofrimento durante tanto tempo. O luto deve ser vivenciado a um ritmo próprio. O que para si demorou um ano, pode demorar para outra pessoa mais ou menos tempo. Este género de expressões alimenta uma expectativa infundada que, quando não cumprida, pode trazer sentimentos de raiva ou de que não está a corresponder aos trâmites ditos normais. Lembre-se que a cronologia do luto é individual e única.

"Comigo foi pior, eu não estava a contar."

Este momento não é sobre a sua experiência de perda. É sobre aquilo que a pessoa enlutada está a viver. Não use as circunstâncias da sua perda para tentar animar a pessoa, ou parecer que o seu sofrimento é mais legítimo. Porventura, ele(a) sabe como foi no seu caso e lamenta-o muito. Contudo, não é por fazer referência à sua história que ele(a) vai ficar mais sereno/a com o que lhe acabou de acontecer. Naquela hora, é indiferente o que aconteceu consigo ou com o resto do mundo.

"Tens de..."

Sempre que começamos uma frase desta forma, estamos a exprimir e a impor uma obrigação ou um dever à pessoa enlutada. No luto, ninguém tem de nada. Uma coisa é darmos a nossa opinião, porque nos foi pedida, porque ouvimos a pessoa enlutada, porque somos atentos às suas necessidades ou porque estamos sinceramente preocupados com ela. Outra coisa, é termos um discurso impositivo que pode ser entendido como autoritário ou arrogante, dada a vulnerabilidade e fragilidade do recetor.

Por vezes, é comum a variante "Tens de ser forte." Este género de expressões com o objetivo de animar, recorrendo a palavras de incentivo e motivação, podem levar a pessoa enlutada a sentir o oposto. O luto não é um jogo, aqui não há vencedores nem vencidos, não se medem forças, nem há despique para ver quem é forte ou quem é mais fraco. Se em luto e sofrimento me dizem que tenho de

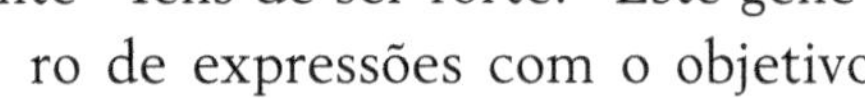

ser forte, significa que tenho de ser melhor do que sou, que tenho de fazer isto de outra forma, que há expectativas e tramites que eu devo seguir, mantendo-me erguido, robusto, valente e corajoso. Para além disso, estar de luto e vivenciar a dor pela perda não é ser fraco. A vulnerabilidade e a fragilidade não são a mesma coisa que ser fraco. Ser forte é lidar todos os dias com aquilo que estamos a passar. Uma pessoa corajosa não é aquela que esconde o sofrimento, mas aquela que tem coragem para o viver e partilhar.

Se sabemos que viver a experiência do luto de forma saudável é também permitir a dor e tudo o que surge com a mesma, dizerem-me que tenho de ser forte, pode aumentar o meu desconforto, fazer sentir-me incompreendida e desautorizada, isolando-me até, para que ninguém repare como sou frágil.

Mais do que isso, quando estamos de luto, não precisamos que os outros nos digam que temos de ser fortes porque só nós sabemos o quanto estamos a ser fortes naquele momento. Embora nem sempre saibamos onde vamos buscar a força, somos fortes.

"Agora és tu o/a homem/mulher da casa."

Quando somos crianças e perdemos um dos progenitores, podemos ouvir esta frase com muito regularidade. Embora a intenção da mesma seja reconhecer a maturidade da criança, dar-lhe motivação e incentivo, a verdade é que não é adequado. Esta criança continua a ser a criança da casa.

Não é porque o adulto morreu que ela mudou o seu papel ou de repente passou a ser adulta e a ter deveres e obrigações de adulto.

Mais frases, perguntas, expressões e gestos que NÃO ajudam e que nunca devemos dizer à pessoa enlutada:

– *Morreu de quê?*

– *Quantos anos tinha?*

– *O tempo cura tudo.*

– *Tens de te distrair.*

– *Precisas de te animar.*

– *Pelo menos agora já não sofre.*

– *Tens de pensar nas coisas boas.*

– *Isto vai tornar-te mais forte e resiliente.*

– *Ele(a) agora está num sítio melhor.*

– *Isto faz parte de um plano maior.*

– *Deus olhou para baixo e viu a rosa mais bela, tão bela que a colheu para ter no céu junto Dele.*

– *Vivemos e morremos em universos infinitos, todos ao mesmo tempo.*

– *Morrer é diferente do que se supunha, é uma sorte.*

– *A vida é um sopro.*

– *Nada acontece por acaso.*

– *Agora podes ajudar outras pessoas enlutadas.*

– *Eu sei que tu vais conseguir superar isto.*

– *Eu olhava para aquele menino e pensava: "ele não é daqui".*

– *Tens de pensar nos teus outros filhos.*

– *Já tinha cumprido o seu papel nesta vida.*

– *Pelo menos, pudeste estar ao lado dele.*

– *Eu passei / conheço uma pessoa que passou pelo mesmo e…*

– Tu precisas é de voltar já para o trabalho ou arranjar uma ocupação, vai distrair-te.

– Ele(a) gostava tanto de viver, não queria que estivesses assim triste.

– Pelo menos tu tens sorte porque tens mais filhos, olha aqueles pais que têm só um... já pensaste?

– Há pessoas que estão pior, há sempre alguém pior do que nós.

– É a lei da vida, todos temos de morrer.

– Sei bem como te sentes, o/a meu/minha... também morreu e...

– Era apenas um animal, se ainda fosse uma pessoa.

– São crianças, não vão reparar em nada.

– Pensa só nas coisas boas que viveste com ele/a.

– Até parece que era da família.

– As coisas acontecem porque têm de acontecer, nada é por acaso.

– Daqui a algum tempo, tu vais tirar uma lição disto tudo.

– Isto vai tornar-te mais forte, melhor pessoa.

– Arruma já os pertences, queres que vá lá a tua casa e trate disso?

– Não podes estar sempre no cemitério.

– Andares assim zangada não o/a vai trazer de volta.

– Tens de te ocupar mais.

– Não podes estar sempre a chorar, só te faz mal.

– Já tirámos tudo dele(a) da tua casa, assim não precisas de passar por isso.

– Não é por estares assim que ele/a vai voltar.

– Não achas que já devias tirar essa roupa preta?

– Se não melhoras, ele/a não consegue partir em paz.

– Porque é que ainda andas com a aliança?

MITOS

O luto tem uma duração no tempo definida.

"O que custa mais são os primeiros seis meses"; "Passou um ano e ainda estou de luto"; "Depois de viver as datas significativas a primeira vez, as seguintes não custam nada".

O luto não tem uma duração definida, é um processo variável e contínuo. É possível identificar o seu início, mas não podemos antecipar ou determinar a sua data de fim. O luto é um processo reatualizado ao longo de toda a nossa vida.

O tempo cura tudo.

"O tempo é o maior aliado, tem paciência"; "O tempo sara todas feridas"; "O tempo transforma as lágrimas em lições e dificuldades em superações".

O luto vive-se num tempo, mas não *com* o tempo. A experiência do luto não depende apenas do tempo, mas daquilo que se faz com esse tempo.

O luto é composto por fases. Há um percurso previsível que as pessoas enlutadas devem passar ou têm propensão para passar.

"Já devia ter passado esta fase"; "Sinto que estou pior porque regredi de fase"; "Eu devia estar noutra fase".

O luto é um processo único e individual, não há um percurso ou processo definido. Nós não somos uma máquina programada, nem estamos dentro de um jogo onde temos de passar de nível. Cada um vive o seu processo de luto de forma dinâmica e ao seu ritmo. Não há fases pré-estabelecidas que nos digam como é que devemos fazer ou sentir. Esses modelos teóricos não se aplicam a todas as pessoas enlutadas, porque não vivemos o luto de forma sequencial.

Devemos evitar falar do ente querido ou do que aconteceu.

"Não estejas sempre a falar nisso que ficas pior"; "Não podemos estar sempre a falar no mesmo"; "Quanto mais falo, mais quero falar".

A pessoa enlutada pode precisar de falar sobre o seu ente querido, sobre o que aconteceu e como é que está a lidar com tudo isso. Não suponha o contrário, cuidar também é abrir espaço para o diálogo. Pergunte respeitosamente. Falar ajuda no processo de luto.

Pensar noutras coisas ajuda.

"Concentra-te nas coisas positivas e distrai-te"; "Não posso estar sempre a pensar nisto, por isso ando sempre entretida"; "Reparei que não tenho pensado tanto, será que o(a) estou a esquecer?".

Estar de luto implica dedicar tempo aos pensamentos e às recordações boas, assim como às mais difíceis, embora seja doloroso. Com a elaboração do processo de luto, é natural e saudável que os nossos pensamentos comecem a ser também sobre outros temas, o que não quer dizer que estejamos a esquecer. Quer dizer que está tudo bem.

Devemos evitar chorar.

"Não estejas sempre a chorar, não ajuda nada"; "Ele/a não ia gostar de te ver assim, sempre triste"; "Ficar assim não te leva a lado nenhum".

Todas as emoções são válidas, necessárias e devem ser expressas nas suas mais variadas formas. Chorar é saudável.

Só chora quem ama, chorar é a maior expressão de luto.

"Não consigo chorar, quer dizer que não o amo?"; "Ando a chorar menos, quer dizer que o esqueci?"; "Tenho de chorar, senão sinto-me culpada".

O amor não se mede pela quantidade de lágrimas.

O luto é uma doença.

"Estou a tomar um medicamento para o luto."

Durante o processo de luto, pode precisar de medicação para lidar melhor com algumas das manifestações e sintomas, como a insónia, a ansiedade, a perda de apetite, falta de concentração, entre outras, mas, o luto em si, não é uma doença. No entanto, se não for devidamente cuidado, pode transformar-se, sim, numa doença.

O luto é sempre triste.

"Quando me rio, sinto-me culpada e parece que o estou a trair"; "Não tenho o direito de ter momentos alegres".

A dor da perda é manifestada de diferentes formas e todas são válidas. Assim como é importante estar em contacto com a tristeza, também é fundamental permitirmo-nos ter momentos descontraídos e de sorrisos. Da mesma forma, no luto é comum o sentimento de alívio ou a sensação de liberdade. Não quer dizer que o luto sem tristeza seja melhor ou pior, quer dizer que todos os sentimentos são válidos e que não precisamos/nem devemos (pela nossa saúde) de estar permanentemente em sofrimento intenso.

Estratégias de acolhimento para diferentes tipos de perda e de luto

"Se é natural morrer, porque não há de ser natural educar sobre a morte?"

Oliveira, 1998

ESTE LIVRO NÃO TEM como propósito tratar de perdas específicas. O seu objetivo é tratar o tema do luto de forma transversal, facilitando uma melhor compreensão dos recursos, orientações, estratégias e ferramentas que pode adaptar ao seu processo individual. Nas próximas páginas, vamos fazer referência a alguns tipos de perdas específicas, para lhe dar mais recursos e estratégias de acolhimento, enquanto familiar, amigo ou profissional.

LUTO POR PERDA DE FILHO

A perda de um filho é considerada por muitos autores e pessoas enlutadas, como uma das experiências mais traumáticas que o ser humano pode experimentar, independentemente:

- da sua natureza: perda gestacional, perda pós-natal;
- das circunstâncias de morte: natural, antecipada, inesperada, suicídio, doença, acidental ou outras.

Sendo um processo intenso, complexo e de longa duração, dada a natureza incompreensível, devastadora e contranatura que viola o que o ser humano considera normativo e expectável, a sua complexidade também é acrescida, em parte, pelas tarefas que são exigidas aos pais num contexto de sofrimento intenso. Tomem-se como exemplos, a necessidade de negociar novas identidades com o contexto social, reavaliar e reorganizar as dinâmicas familiares e maritais, bem como, a necessidade de comunicar acerca da perda, num contexto em que o suporte social pode ser reduzido. Um fenómeno representativo da intensidade do sofrimento dos pais, são as taxas de mortalidade tendencialmente superiores, assim como de divórcio.

De forma generalizada, dada a delicadeza do tema e do difícil exercício de nos colocarmos na pele destes pais, o luto parental pós-natal é o tipo de perda e de luto a que a maioria das pessoas tende a ser mais atenta e acolhedora, embora ainda exista um longo caminho de sensibilização a fazer.

Palavras e expressões de acolhimento a usar em contextos de luto parental pós-natal (que o leitor deverá adaptar à pessoa e à situação específica):

– *Sinto muito que estejas a passar por isto;*

– *O/A teu/tua filho/a (nome do/a filho/a que morreu) era muito querido/a e eu nunca me vou esquecer dele/a;*

– *Para mim é difícil entender o que estás a passar, mas quero muito estar a teu lado;*

– *Vou-me lembrar sempre do/a eu/a filho/a (nome do/a filho/a que morreu).*

Se, por um lado, há mais sensibilidade e atenção para com os enlutados por perda pós-natal, nos contextos de perda gestacional, nota-se o oposto, abrindo cada vez mais o fosso de um luto não reconhecido. A perda gestacional é dolorosa e complexa e ocorre em diferentes contextos e circunstâncias:

- Aborto espontâneo: ocorre dentro do útero, antes das 20 semanas de gestação;
- Morte fetal: ocorre dentro do útero ou durante o parto, depois das 20 semanas de gestação. Frequentemente, os bebés são denominados de "nados-mortos";
- Interrupção voluntária da gravidez: por opção, pode ser realizada nas primeiras dez semanas (dez semanas + seis dias) de gravidez, à data em Portugal;

- Interrupção médica da gravidez: decorrida de doença ou outras complicações diversas;
- Morte neonatal: nascimento com vida, a morte ocorre com menos de 28 dias de idade.

Assim como nos outros tipos de perdas e lutos, que de forma generalizada temos tratado neste livro, nestas circunstâncias, estamos, também, perante uma multiplicidade de perdas e lutos, como o luto pela morte do bebé, o luto pelos sonhos e expectativas que se tinham criado, entre outros.

Nos contextos em que a rede familiar e de amizades é próxima, mais uma vez, só quem está naquele papel é que sabe e sente a sua dor, incluindo no corpo que se estava a transformar para receber o bebé, sem descurar o papel do outro/a progenitor/a. A relação com o filho começa a ser construída antes do nascimento, por isso, um bebé não nasce só após os 9 meses de gravidez, mas quando nasce na imaginação dos pais.

Não há palavras certas, nem receitas mágicas para apressar a vivência deste tipo de luto, mas é necessário falar abertamente sobre esta situação, para que todos saibamos reconhecer, acolher e respeitar. Quando estivermos perante pais enlutados por perda gestacional, importa ser atento e delicado, sem distinguir o amor dos filhos pelas idades ou pelo tempo de contacto.

Palavras e expressões de acolhimento a usar com os pais enlutados por perda gestacional (que o leitor deverá adaptar à pessoa e à situação específica):

– *Imagino que estivesses ansioso(a) e feliz com a sua chegada;*

– *A perda de um filho deve ser muito dolorosa, independentemente do tempo que tenha estado convosco;*

– *Sinto muito que estejas a passar por isto;*

– *O que tinhas imaginado para ele(a)?;*

– *Que nome lhe tinhas dado?;*

– *Qual é o nome com que queres relembrá-lo(a)?*

Frases, expressões e gestos que NÃO ajudam perante a perda de filhos, independentemente das idades ou das circunstâncias de perda:

– *Perdeste o teu filho, mas ele agora está num sítio melhor;*

– *Agora é um anjinho que está no céu a olhar por todos nós;*

– *Melhor agora do que mais tarde, assim não te apegaste tanto;*

– *Já tiramos as coisas todas dele/a da tua casa, para não precisares de passar por isso;*

– *Tens a vida toda pela frente, podes ter mais filhos;*

– *Há tantas crianças no mundo a precisar, devias adotar uma de imediato;*

– *Precisas é de engravidar o quanto antes;*

– *Deus precisava de um anjinho e escolheu-o porque era especial;*

– *A vida é um sopro, agora sabes disso;*

– *Nunca se recupera da morte de um/a filho/a;*

– *O teu destino é o pior de todos;*

– *Nunca te disse, mas sempre senti que aquele/a menino/a não era teu/daqui;*

– *Agora és pai/mãe de um anjinho;*

– *Que bom que foi no início, assim vais sofrer menos;*

– *Deus quis assim, tens de aceitar.*

Não é necessário um discurso muito elaborado. Acredite, menos é mais. O importante é que esteja disponível e que mostre de forma genuína e verdadeira o seu carinho.

LUTO DAS CRIANÇAS

Tal como os adolescentes, os adultos e pessoas mais velhas, também as crianças vivenciam processos de luto. A forma como vão fazer essa vivência, ou seja, compreender e lidar, vai depender de muitos fatores, como a sua idade, as características de desenvolvimento pessoal e a forma como os adultos próximos estão a viver a perda.

Naturalmente, existem várias formas de ajudar as crianças e favorecer os seus processos de luto. Talvez um bom começo seja aproveitarmos as oportunidades que a vida nos dá para falarmos da vida, sem esperar que o pior aconteça. Conversar sobre a vida deve incluir o tema da morte. Não porque a morte seja o contrário da vida, mas porque faz parte dela. Como é que podemos educar crianças ensinando-lhes tudo sobre a vida, sem incluirmos aquilo que é mais certo e óbvio? Queremos crianças muito inteligentes e perspicazes, trabalhamos arduamente para que tenham o melhor ensino, as melhores oportunidades, os melhores professores, experiências e tecnologias, mas, depois, quando o pior acontece, queremos que não notem nada.

Que bom vai ser o tempo em que falar sobre a vida é parte das conversas familiares e dos planos curriculares do ensino obrigatório. Nesse tempo, respeitar-se-á mais a dor dos outros desde pequenos, porque desde sempre a vida será aprendida como ela é. Nas escolas não se farão presentes para o dia da mãe, ou para o dia do pai, serão feitas homenagens às famílias, incluindo todas as formas de união, ao invés do que acontece hoje, em que se fala de igualdade, mas supõe-se que todas as crianças tenham consigo os seus pais.

Comece já hoje e sem medo. Falar sobre a vida é uma oportunidade para ajudar as crianças a desenvolverem as suas capacidades, a estruturar e a organizar as experiências de perdas. Consigo ao lado será sempre mais fácil. Se não for assim, as crianças, curiosas que são num tempo tecnológico, poderão aceder a informação desadequada.

A criança precisa de si, adulto.

Perante uma perda significativa, a criança precisa de acolhimento e atenção, assim como o adulto, mas de forma adaptada. A dor e o sofrimento não são características exclusivas dos adultos. Convenhamos, o leitor gostava que não lhe contassem a verdade quando o seu ente querido morreu? Gostava que inventassem uma história à volta do sucedido, sem a preocupação de o confundir ou com as consequências da mentira que lhe contavam? Que o levassem para um familiar distante para não reparar que algo muito impactante tivesse acontecido? Que não lhe dessem espaço para manifestar a tristeza e outros sentimentos? Que não perguntassem sobre o que sentia? Que não o deixassem despedir-se? (...)

Imagino que não!

É fundamental que tratemos as crianças com respeito perante as situações de perda.

As crianças também sentem.

Mesmo que julgue que não entendem ou que as ajuda quando as protege da verdade, considere incluí-las.

Se lhes dá silêncio, elas podem interpretar que é errado sentir tristeza ou pesar perante uma perda. Para além de poderem sentir que as observa como incapazes de lidar com aquilo que está a acontecer, condiciona a construção de recursos muito importantes para a vida.

Como proteger as crianças nestes contextos?

Sem desconsiderar e esquecer os diferentes tipos de perdas simbólicas que a criança experimenta ao longo da vida (divórcio dos pais, nascimento de um irmão, mudança de escola, por exemplo), em relação à morte, sabemos que este é um dos grupos de pessoas que mais a vive. Senão, repare: se são as pessoas em idade adulta quem mais morre, são as crianças quem mais perde pessoas significativas.

Parece uma conclusão simples, não é?

Então se é, importa que os adultos se preparem e entendam que as crianças fazem luto e que nem sempre se repara nisso. Quando digo adultos, pretendo referir-me à família e aos diferentes profissionais que interagem com as mesmas. Os adultos têm dificuldade em falar sobre a morte, mais, ainda, com as crianças.

A dificuldade dos adultos em falar sobre a morte com crianças não é apenas porque ao fazê-lo estão a revisitar a própria finitude ou porque procuram proteger a criança; não é apenas porque ficam ansiosos e em contacto com assuntos não resolvidos relacionados com as mortes do passado; não é apenas porque dão explicações em que não acreditam, ou recorrem a explicações teológicas, científicas demasiado complexas e abstratas, a contos ou imagens ficcionais, meias verdades e eufemismo; não é apenas porque na sua infância ninguém teve essa abertura. A dificuldade dos adultos em falar sobre a morte com as crianças acontece porque, na verdade, têm dificuldade em falar com a criança, na generalidade, seja de que assunto for.

O recurso a exemplos e a linguagem simples, clara, objetiva e adaptada à criança é a melhor forma de abordar o tema. As crenças e as dúvidas que os adultos têm, tendem a tornar o tema da morte e do luto mais complexo e de difícil compreensão, despertando confusão e falta de clareza. Quem complica são os adultos. Não são as crianças.

Incentivo-o a abrir espaço para conversar sobre a vida com os mais novos, o que não vai antecipar nenhuma desgraça, pelo contrário, será uma oportunidade para conhecer e responder às suas dúvidas. E, aqui, talvez esteja o seu maior receio:

– E se a criança me faz uma pergunta muito complexa, para a qual não tenho resposta? E se me pergunta o que acontece depois da morte? Ou se o cabelo continua a crescer depois de morrer? Ou como é que fazem para ir à casa de banho debaixo da terra? Ou se os vermes comem os dentes? Ou porque é que temos de morrer?

Calma e sossego.

É claro que a criança vai fazer estas perguntas e outras semelhantes, faz parte do processo de aprendizagem e da construção do conceito de morte para ela mesma. Que bom que tem curiosidade, revela que está a construir o seu pensamento e a definir conceitos importantes.

Mais do que isso, o seu receio não é, propriamente, sobre as perguntas que a criança vai colocar, mas, sim, o que responder. E é aí que importa dar respostas adequadas à idade e às características de desenvolvimento. Estas conversas não devem ser promovidas por um estranho. Tem de conhecer a criança que está à sua frente. Caso não saiba a resposta ou não saber como responder, diga à criança que não sabe.

– Eu não sei responder a essa pergunta, mas vou procurar saber e, nessa altura, respondo-te".

Vai estudar, falar com um especialista da área do luto, refletir e depois responder, sob pena de que uma resposta não dada, abra um buraco profundo.

As crianças precisam da ajuda dos adultos para compreenderem o conceito de morte. A integração da informação é facilitada se a explicação for:

- no seio da família direta;
- num local adequado e seguro;
- com linguagem simples, direta e honesta.

Tome atenção:

Ideias para estruturar uma conversa sobre a vida e a morte com as crianças:

1. Para começar, fale do tema.

Reúna, antecipadamente, o máximo de informação possível sobre a criança: dados demográficos, ciclo de desenvolvimento, personalidade, estilos de enfrentamento habituais, o que é que outras pessoas já lhe disseram sobre a doença/morte, se há alguma preocupação especial a ter em conta, se teve problemas recentes na escola, em casa ou outros.

Explique que as perdas fazem parte da vida e que todos perdemos algo ou alguém que gostamos muito. Acontece com as pessoas que amamos, com os animais de companhia e até com as plantas.

2. Prefira a honestidade, verdade e transparência.

Evite o recurso a metáforas, representações simbólicas ou eufemismos. Embora lhe possa parecer que o melhor é usar esse género de expressões, para suavizar uma ideia desagradável, a verdade é que podem despertar mais confusão na criança.

Escolha palavras simples.

3. O espaço da criança.

Explique que é natural ter dúvidas, sentir tristeza e até algum desconforto no corpo. Dê exemplos e mostre como é que pode identificar esse sofrimento e desconforto, disponibilizando-se para acolher esses momentos, sempre. Abra espaço para que a criança conte como se sente, se tem dúvidas ou se gostava de manifestar algum sentimento, por exemplo.

4. O tempo da criança.

Ao longo do tempo, a criança começa a criar a sua perceção e a construir os seus conceitos relacionados com estes temas, seja porque ocorreu uma perda por morte ou simbólica, seja pelo processo natural de desenvolvimento. O adulto deve mostrar-se continuamente disponível, uma referência de acolhimento e apoio que respeita o seu ritmo e as suas necessidades.

Esteja atento a alterações de comportamento, de alimentação, sono e outras, não desconsidere procurar apoio de profissionais especializados na área do luto para o orientarem e acompanharem.

Mostre à criança como este tema o toca também a si, ou como está a sofrer com a perda que aconteceu. Não tenha vergonha ou medo de mostrar a sua vulnerabilidade e amor, é fundamental no processo de luto. O luto precisa de ser vivido em família.

5. Fortalecer laços.

Adapte dinâmicas educativas e simples que levem a criança a relembrar os momentos vividos. Acompanhe-a num passeio por um lugar especial, façam desenhos, vejam fotografias e vídeos, por exemplo.

Palavras e expressões de acolhimento a usar com crianças enlutadas (adaptar sempre à idade e características de desenvolvimento pessoal):

– *Tenho uma coisa muito importante para te dizer, que aconteceu ao teu pai e que precisas de saber. O teu pai continuou muito doente nos últimos dias e os tratamentos que fez não conseguiram curar a doença que tinha. Hoje fui ao hospital e o médico disse-me que tinha morrido. Todos nós estamos muito tristes.*

– *Aconteceu uma coisa muito triste, o avô morreu. Já não respira, o coração não bate e o corpo não se mexe.*

– *Já sabíamos que a mãe estava muito doente e, por isso, foi para o hospital. Os médicos tentaram curá-la, mas, a doença era tão grave que acabou por morrer.*

– *Os funerais são um momento em que a família e os amigos se juntam para dizer adeus e recordar os bons momentos que passaram com a pessoa que morreu.*

– *Há pessoas que preferem ser queimadas e não enterradas, não dói.*

– *Vamos continuar a amar, a lembrar e falar sempre do/a teu/tua…*

– *É normal que tenhas dúvidas, eu estou aqui para responder a todas as tuas perguntas.*

– *É normal que estejas triste, eu também estou muito triste.*

– *Eu tenho muita vontade de chorar e tu também podes ter, é normal. Chora sempre que precises e não tens de chorar sozinha, podes vir para junto de mim e choramos juntos.*

Frases, expressões e gestos que NÃO ajudam as crianças enlutadas:

– *Aconteceu uma coisa, mas é de adultos. Vais passar uns dias a casa da prima, mas está tudo bem.*

– *O/a (...) partiu.*

– *O/a (...) faleceu.*

– *O/a (...) não está entre nós.*

– *Ele/a agora está a dormir e não vai voltar.*

– *Foi fazer uma viagem para um sítio muito distante.*

– *Agora é a estrelinha mais brilhante do céu.*

– *Agora és o homem/mulher da casa.*

– *Tens de ser forte.*

– *O Jesus levou-o porque ele era muito bom.*

Luto em idade avançada

Se nos propusermos a cuidar de pessoas enlutadas mais velhas, saibamos que estamos perante pessoas que têm uma vida de perdas. Muitas vezes ouvimos:

– *É só mais uma perda, ele(a) já perdeu muitas vezes antes.*

Creio que afirmações deste género são impulsos para a descriminação e para a desconsideração. Reparemos que não “é só mais uma perda”, é mais uma perda a somar a uma vida de perdas. É um “saco” enorme às costas carregado de perdas. Não é “já perdeu muitas vezes”, é que esta pessoa já perdeu muitas vezes! A entoação é diferente e a vivência também.

As perdas sofridas por pessoas mais velhas não só são em maior quantidade, como também são de várias naturezas:

Perdas físicas:

- causadas por doenças, acidentes ou outras circunstâncias;
- dependência de terceiros para a satisfação das suas necessidades básicas e de subsistência;
- perda de funções, de partes do corpo, ou do bom funcionamento do corpo inteiro;
- perda do bem-estar físico e da vitalidade;

Perdas emocionais:

- autorregulação emocional;
- autoimagem;
- expectativas de futuro;
- autonomia e liberdade;

Perdas sociais:

- alterações na vida familiar, término de relacionamentos;
- perdas de contextos que promoviam o convívio social;
- saída de casa e do seu meio por institucionalização;
- perda de estatuto profissional, reforma compulsiva;
- ausência de papéis sociais valorizados;

Perdas espirituais:

- integridade, propósito;
- valor pessoal, esperança;
- confiança numa entidade divina;

Felizmente, a nossa sociedade tende a cuidar melhor das pessoas mais velhas, contudo, em relação ao tema do luto, reparo que ainda existe um longo caminho. Talvez, na tentativa de se proteger este grupo, indiretamente se incorra na tendência de comparar e confundir idade com tolerância e indiferença.

Tal como se esconde o assunto das crianças por acreditarem que é a melhor forma de as proteger, parece existir da parte de algumas famílias e profissionais um estilo latente que orienta para ocultar a verdade ou, por outro lado, não proteger e desconsiderar, porque a idade é um posto e estas pessoas já estão muito habituadas a perder. Então, mais perda, menos perda, tanto faz.

As pessoas enlutadas mais velhas têm melhor integração do luto?

SIM, aceitando que:

- Mais anos de vida pressupõe que seja maior a probabilidade de se ter visto outros, de ter ajudado outros, de terem sido ajudados por outros, em momentos de perda e morte.
- Mais do que na infância ou na adolescência, com os anos de experiência de vida, pressupõe-se reflexões sobre a iminência de estar mais perto do fim e mais definição sobre a sua própria finitude.
- Pela preparação que a vida dá, resultante em oportunidades e aprendizagens únicas e valiosas, tenderá em mais capacidade para elaborar o processo de luto.

NÃO, aceitando que:

- Se com a idade há uma acumulação de perdas normativas, por exemplo, perda de papéis sociais, de competências cognitivas, de mobilidade, de independência, de saúde, de vigor físico, de autonomia, de rede social, e de entes queridos, entre outros, então, a pessoa pode ficar mais vulnerável perante a ocorrência de novas perdas e processos de luto.

Por isso, é tão importante valorizar a sua experiência de vida e perceber o impacto da perda enquanto experiência individualizada. A resposta à pergunta é nem sim, nem não, porque todos os lutos são diferentes.

Cuidar de pessoas enlutadas mais velhas implica começar por reconhecer que, por mais lutos que aquela pessoa já tenha vivenciado, o luto que vive agora é um lugar novo a estrear. Implica entender e considerar os recursos pessoais, sociais e ambientais que dispõe para lidar com a situação de perda e, não menos importante, atender aos fatores de risco que influenciam a capacidade adaptativa, como a idade avançada, perdas significativas do passado que continuem a gerar sintomatologia de luto (como a perda de um filho e/ou perda de cônjuge) e estilos de vinculação inseguros, conflituosos e ambivalentes, falta de suporte familiar e disfuncionalidade da família, entre outros.

Palavras e expressões de acolhimento a usar com as pessoas enlutadas mais velhas (devendo o leitor adaptá-las ao caso específico em questão):

– *Sinto muito pela tua perda, "nome do ente querido que morreu" era uma pessoa muito querida por todos.*

– *Sinto muito que esteja a passar por este problema de saúde, "nome da doença", e que te esteja a afetar desta forma. É normal que estejas triste.*

– *Não tenho palavras para expressar o que sinto, tenho pensado muito em ti.*

– *Gosto muito de ti e estou aqui para ti.*

– *Depois de tantas perdas que já tiveste, imagino que sentir esta dor não seja fácil, queres conversar sobre isso?*

– *Posso voltar daqui a uns dias para te ver?*

– *Não consigo imaginar o que estás a passar.*

– *Quando te ouço a falar, tento imaginar como deve ser difícil para ti, queres falar sobre isso?*

– *Quero dizer-te que podes contar comigo.*

Frases, expressões e gestos que NÃO ajudam as pessoas enlutadas mais velhas:

– *Já deves estar habituada a perder pessoas;*

– *Aposto que já nem ligas quando alguém morre;*

– *É melhor não ires ao funeral, não precisas de estar;*

– *Sair de casa e ir para um lar não é motivo para estar assim;*

– *Estás doente, mas não morreste;*

– *Não estejas sempre a dizer que eras tu que devias ter morrido.*

Luto por término de relação amorosa

Neste ponto, temos de tratar de duas realidades distintas, mas, ambas muito importantes: luto por término de relação amorosa cuja causa determinante foi a morte de um dos elementos e luto por término de relação amorosa, cujas circunstâncias não são a morte, mas outro motivo.

Luto por morte do cônjuge

Perder a pessoa com quem um dia sonhámos e decidimos partilhar quem somos, pode ser uma das experiências mais dolorosas que a vida nos oferece.

Para além de se perder a pessoa amada e tudo o que só através dela recebíamos e podíamos dar, deparamo-nos com a perda de um projeto de vida, no qual investimos tudo o que tínhamos e éramos. Independentemente do tempo juntos, quer fosse uma vida inteira, quer recente, em alguns casos, o golpe é profundo e a feridas dilacerantes.

Não é ao acaso que a taxa de mortalidade deste grupo é superior, em comparação com as pessoas casadas, devido à fragilização de estado de saúde resultante da perda, sobretudo, se não existir uma rede de suporte próxima.

Com a morte de um/a companheiro/a, há uma grande multiplicade de perdas:

- o amor conjugal;
- do/a maior confidente;
- melhor amigo/a;
- parceiro/a sexual;
- fonte total ou parcial de rendimentos;
- ideais comuns;
- família sonhada;
- bens materiais;
- estatuto social;
- partilha sobre o crescimento dos filhos ou dos netos;
- perda de papéis;
- de segurança, entre muitas outras.

Pelo sistema de proteção social do nosso país, a condição de viuvez garante o acesso e o direito a uma pensão mensal, destinada a compensar os beneficiários da perda. Para muitas pessoas enlutadas, beneficiar deste direito é causa de grande sofrimento, pelo que também neste ponto o cuidado e a atenção da rede de apoio é fundamental.

Também muito há a dizer sobre o estatuto que a morte traz nestes contextos: viuvez. Felizmente, hoje em dia, o cartão de cidadão não apresenta o estado civil, mas, tal como eu, talvez o leitor seja do tempo em que os bilhetes de identidade tinham essa informação. Aliás, para além de todas as burocracias associadas ao processo de morte, nestes casos, era obrigatório atualizar o bilhete de identidade para que constasse o novo estado civil, com alguma urgência.

Como foi difícil para muitas pessoas ter de o fazer! Como foi doloroso dirigir-se aos respetivos serviços públicos e pedir para alterar uma condição fruto de tanto amor, já para não falar da dor que sentiram sempre que pegavam naquele documento!

Embora hoje os documentos de identificação dispensem esses dados demográficos, aos olhos da sociedade ainda existe alguma tendência para identificar a pessoa enlutada, seguida do seu estado civil.

"Fulano de tal, o viúvo", "Fulana de tal, aquela que ficou viúva".

Para algumas pessoas, parece existir a necessidade de reforçar o que aconteceu, associando-se à pessoa enlutada a perda. Esta tendência não é exclusiva deste tipo de luto, também os pais que perdem filhos passam a ser "fulanos que perderam um/a filho/a", por exemplo. Como se as suas perdas passassem a ser um apelido e, agora ao falarmos deles, seja imprescindível nomear o que lhes aconteceu.

A condição de viuvez é muito dolorosa e repleta de interpretações. Apesar de podermos identificar progressos e atitudes mais inclusivas na nossa sociedade, em alguns meios e culturas, ser-se viúva ou viúvo, implica assumir um papel que limita a expressão saudável do luto, dadas as exigências e imposições do meio.

Num mundo que pode ser muito injusto e discriminatório, uma coisa é certa, o luto não é. Todos somos incluídos, mesmo quando a relação que tínhamos com o nosso/a companheiro/a não era a melhor. Embora, neste livro, eu diga muitas e repetidas vezes que o luto é amor, isso não quer dizer que só façamos luto pelas relações perfeitas.

A verdade é que também nas relações, de qualquer ordem, como numa relação conjugal, quando a relação é conflituosa, é possível que com o término vivamos um processo de luto. Como não?

Frases e expressões de acolhimento a usar com pessoas em luto por término de uma relação amorosa por morte (devendo o leitor adaptá-las ao caso específico em questão):

– *Dou-te os meus sentimentos mais profundos pela tua perda, usa-os como precisares, estou aqui.*

– *Sinto muito que estejas a passar por isso, como é que te posso ajudar?*

– *Perder uma pessoa tão especial deve ser muito doloroso.*

– *Precisas de estar sozinha ou queres que te faça companhia?*

– *Toma o tempo que precisares, não és obrigada a nada, eu estou aqui ao teu lado.*

– *Vocês tinham tantos projetos e sonhos, queres falar sobre isso?*

– *Como está a ser para ti viver na vossa casa sem ele/a?*

Frases, expressões e gestos que NÃO ajudam pessoas em luto por término de uma relação amorosa por morte:

– *Ele/a morreu, mas tu continuas vivo/a;*

– *Perder um/a homem/mulher não é o fim do mundo;*

– *Há mais marés do que marinheiros;*

– *Tu precisas é de sair e conhecer pessoas novas;*

– *Há um/a colega meu/minha que era bom/a para ti;*

– *Vou inscrever-te numa aplicação para encontrares alguém;*

– *Um/a viúvo/a não deve ir a bailes nem sair com outras pessoas;*

– *Viúvo/a uma vez, viúvo/a para sempre;*

– *Já tiraste a aliança?*

– *Não achas que está na hora de tirar a aliança?*

– *Tens de seguir em frente, és novo/a;*

Luto pelo fim da relação amorosa

Sempre resultante de uma perda que cause dor e sofrimento, também pode ocorrer perante o término de relações, sem que nenhum dos elementos tenha morrido, como o término do namoro, separação, divórcio ou outras configurações.

Talvez o leitor tenha/ esteja a passar por algum tipo de perda desta ordem agora mesmo. Na verdade, muitas vezes, estamos nesse papel de enlutados, sem termos noção disso, sem darmos um nome ao que está a acontecer connosco, não é?

Contudo, não há problema em dar um nome ao que estamos a viver, pelo contrário, ajuda a passar e a lidar com o processo. No caso do luto, até é bom. “Ele – o luto” gosta muito de ser o centro das atenções, gosta que o nomeiem, que o mencionem e que falem dele. É ao darmos-lhe esse poder que ele começa a serenar, aliás. Não é negando a sua existência. O luto é tão concreto, palpável e doloroso que, se não for nomeado e reconhecido, vai causar mais danos.

Nem todos os términos de relações amorosas resultam em processos de luto. Essa ideia é errada. Há separações que são um alívio e uma bênção. Talvez a pessoa fique um pouco triste e mais sensível, mas isso não configura luto.

A perspetiva de que temos de fazer luto sempre que acaba uma relação é uma visão redutora e pouco esclarecida sobre este tema. Para além disso, incentiva a que se atribuam rótulos que tendem a favorecer a discriminação, quando as pessoas não correspondem aos ditos trâmites.

Se há finais de relações amorosas que trazem alívio e não resultam em processos de luto, também os há muito dolorosos, que resultam, inevitavelmente, em processos de luto. Quer seja uma história significativa sem rótulo ou sem uma determinação temporal, quer seja um namoro de alguns meses ou anos, ou um casamento de pouco tempo ou de décadas, independentemente do motivo do término, do estado civil, formal ou não, ou do tempo de união, perante um rompimento que cause dor e sofrimento, poder-se-á vivenciar uma experiência de luto. A proximidade deixa de existir na configuração idealizada, as rotinas alteram-se, assim como os laços, os planos de futuro, os sonhos e as expectativas. Aquilo que idealizamos e entendíamos como sendo uma base de segurança, perde o seu propósito e função, despertando um conjunto de respostas dolorosas e legítimas.

Reconhecermos a nossa dor perante este tipo de perda, não faz de nós mais fracos. Pelo contrário, torna-nos conscientes sobre o que estamos a enfrentar e dá-nos mais recursos. Também neste tipo de luto, é muito importante recebermos o apoio das pessoas que nos são próximas. Sabermos que somos entendidos e que a nossa dor é legítima e apoiada, favorece.

Frases e expressões de acolhimento a usar com pessoas em luto por término de relação amorosa (devendo o leitor adaptá-las ao caso específico):

– *Sinto muito que estejas a passar por isto.*

– *Certamente que estás a sofrer muito, como te posso ajudar?*

– *Este é o meu número de telemóvel. Se precisares de falar ou de outra coisa qualquer, liga-me a qualquer hora. Se não ligares, posso ligar-te eu?*

– *Gostava de estar um bocadinho contigo. Podemos ficar em silêncio ou conversar, como te apetecer.*

– *Precisas de estar sozinha ou queres que te faça companhia?*

– *É legítimo que estejas triste.*

– *O término de uma relação amorosa pode ser muito doloroso, independentemente do tempo que tenham estado juntos ou do tipo de relação.*

Frases, expressões e gestos que NÃO ajudam pessoas em luto por término de uma relação amorosa:

– *Não fiques assim, até parece que ele/a morreu.*

– *Tens é de encontrar rapidamente outra pessoa.*

– *Ficares assim é o que ele/a quer, só te quer ver a sofrer.*

– *Ainda és novo/a, vais ter muitos namorados/as.*

– *Era só um namoro/casamento.*

– *Já passaste por coisas piores.*

– *Se fossem casados, era muito pior.*

– *Hoje em dia, é normal as pessoas se separarem, não ligues.*

LUTO POR SUICÍDIO

Se o leitor conhece alguém que perdeu um ente querido por suicídio, compreenda que o seu papel, acolhimento e suporte pode ser muito importante. Este tipo de luto não reconhecido precisa de particular atenção, é urgente contrariar as tendências de estigmatização, aumentar a sensibilização, desenvolver competências de literacia em saúde mental e apostar em campanhas de prevenção do suicídio.

Em algumas culturas, o suicídio é visto como vergonhoso, um pecado, sinal de fraqueza, um ato egoísta, uma forma de manipulação ou, pelo contrário, um ato de honra. Estes e outros pressupostos:

- Promovem o silêncio;
- Dificultam o pedido de ajuda por parte de quem precisa;
- Desvalorizam o sofrimento ou a seriedade da pessoa com pensamentos de suicídio;
- Tornam mais difícil reconhecer que alguém está em risco;
- Fazem com que as pessoas tenham menor predisposição para ajudar alguém;
- Dificultam o luto dos sobreviventes;
- Contribuem para uma menor sensibilidade dos governantes para este problema, resultando na subavaliação da sua dimensão real e no desinvestimento nas estratégias de prevenção e nos serviços de saúde mental.

É urgente contrariar estas tendências. Falamos de um problema de saúde mundial e um tipo de luto muito complexo e difícil de enfrentar.

Tome atenção:

Caso esteja disposto a oferecer o seu apoio a pessoas enlutadas por suicídio, importa que:

- Esteja genuinamente disponível para ajudar, a sua disponibilidade precisa de ser verdadeira, sincera e franca.
- Não suponha – pergunte à pessoa enlutada e/ou à sua família qual é o tipo de ajuda que é necessária e se o(s) mesmo(s) está/estão disponível para a aceitar.
- Seja presente e cuidadoso – muitas vezes estar ao lado dessa pessoa é a melhor ajuda que pode dar e o que ela/e mais precisa.
- Ouça mais e fale menos – escute com atenção, procure ser escuta ativa, ouça as histórias que a pessoa enlutada tem para contar sobre a pessoa que perdeu as vezes que for necessário, mostrando-se atento, interessado e curioso, sem interromper ou julgar.
- Reforce a importância da manifestação do sofrimento e da dor – legitime, diga que está tudo bem em chorar e abra espaço para todos os sentimentos profundos e dolorosos.
- Recorde a pessoa enlutada que ficar em silêncio sobre o que aconteceu pode ser mais doloroso do que compartilhar consigo.
- Disponibilize-se para ajudar nas tarefas do dia a dia – não imponha, pergunte como pode ser útil com situações como tratar de burocracias, tarefas domésticas ou outras.
- Evite dar a sua opinião ou conselhos genéricos – para a pessoa enlutada é mais benéfico sentir que consigo tem um espaço onde pode falar sobre a sua dor, do que ouvir os conselhos que tem para lhe dar.

Frases e expressões de acolhimento a usar com pessoas em luto por suicídio (devendo o leitor adaptá-las ao caso específico):

– *Sinto muito que estejas a passar por isto;*

– *Certamente estava a sofrer muito, lamento;*

– *Para mim é difícil entender o que estás a passar, como te posso ajudar?*

– *Penso em ti todos os dias, estou aqui para tudo o que precisares;*

– *Nestas situações, podemos sentir-nos muito zangados ou culpados, quero dizer-te que se quiseres falar sobre isso ou outra coisa qualquer, eu estou aqui.*

Frases, expressões e gestos que NÃO ajudam pessoas em luto por suicídio:

– *Como é que se suicidou?*

– *Onde é que o fez?*

– *Quem é que o encontrou?*

– *Se o fez, é porque assim o quis.*

– *Tinha depressão ou outra doença?*

– *Ele tomava drogas, álcool ou alguma medicação?*

– *Ninguém reparou em nada?*

– *Deixou alguma carta de despedida?*

– *E ninguém conseguiu fazer nada?*

– *Há muito tempo que andava a ameaçar, era sabido que um dia acabava mesmo por correr mal.*

– *Notava-se nele que andava mal, mas fazer uma coisa destas!?*

– *Foi um egoísta, só pensou nele/a.*

O suicídio, enquanto ato iniciado e protagonizado por alguém para se matar deliberadamente, sabendo que o leva a um desfecho fatal, representa um grave problema de saúde publica em todo o mundo. O luto por este tipo de perda é um processo penoso, com características específicas relacionadas com a natureza chocante do suicídio, assim como com o estigma e tabu que lhe está associado.

Se é o seu caso ou o caso de alguém conhecido, saiba que pode recorrer a intervenção profissional especializada no luto. Os técnicos são treinados e habilitados para avaliar e intervir neste tipo de luto.

Luto por perda de animal de companhia

Para as pessoas que são tutores de um animal, é muito difícil pensar ou perder tão estimada companhia. Ao longo das últimas décadas, o papel dos animais na relação com os humanos tem sofrido muitas mudanças. Atualmente, apesar de os animais ainda terem muitas funções desempenhadas na sociedade, a função primária é de companhia, de afeto e conforto emocional.

"Os animais de companhia permitem a satisfação de duas importantes necessidades humanas, designadamente, cuidar e ser cuidado".

Gabriel e Paulino (2021)

Dada a crescente desconexão com a vida real, é também essa relação com os animais que nos permite continuar ligados ao mundo e à sua beleza. A comunidade científica tem vindo a demonstrar que a relação estabelecida entre as pessoas e os animais de companhia é de vinculação, pois transmite segurança, proteção, aceitação, amor incondicional e, à semelhança de uma relação humana, envolve medos, inseguranças e ansiedade de separação.

Para além disso, providencia inúmeros benefícios para a saúde física e mental:

- redução do risco de doenças cardíacas;
- atenuação da sintomatologia depressiva;
- aumento da interação social;
- sensação de proteção e segurança;
- autoestima.

Mais do que isso, também podemos verificar que algumas das características típicas das relações estabelecidas com os animais são difíceis de alcançar nas relações humanas. Falamos de atributos e particularidades tão elementares como a lealdade, a segurança, a proteção, a aceitação, o amor incondicional e o suporte emocional ausente de julgamento ou de crítica.

Não raras vezes, reparamos que essas vinculações são vivenciadas como uma relação pai/mãe-filho/a, por semelhança à dependência do animal face ao adulto e à responsabilidade do adulto sobre o animal. Verdadeiros elementos da nossa família, os laços criados são de pureza e verdade.

Embora saibamos tudo isto e seja um tema que nos mereça muita atenção, também reparo que perante a perda de um animal, este é um dos temas mais desautorizados. Muitas vezes, é o próprio tutor que não se autoriza a viver o seu luto, outras vezes, é desautorizado pela sociedade que o entende como exagerado e não justificável.

O luto por um animal de companhia pode ser muito semelhante ao luto pela perda de um ser humano. Se não tem um animal de companhia ou não está recetivo a este tipo de relacionamento, não tem de entender ou concordar com esta afirmação, eventualmente, não consegue. Mas, sugiro que respeite.

Neste livro, temos falado sobre como o amor e o luto são únicos e individuais. Pois isso, não serve só para alguns. Serve para todos.

Repare-se, num exemplo muito simples:

Concordamos que é totalmente inapropriado dizer a uma mulher viúva frases como: "não faz mal, era só um marido, deixa lá isso, podes arranjar outro marido", mas, para muitos, parece aceitável afirmar: "era só um cão ou um gato, podes arranjar outro, deixa lá isso, antes ele do que uma pessoa".

Viver o luto pela perda de um animal de companhia é fundamental e saudável. É necessário que a pessoa enlutada viva a sua dor e que o seu meio de apoio esteja atento, seja cuidadoso, tenha compreensão e não minimize a expressão de dor e sofrimento. Entender e respeitar o facto de que aquela pessoa está a passar por um processo de luto muito doloroso, é a melhor forma de acolher e de ajudar.

Tome atenção:

Se está de luto pelo seu animal de companhia:

- Não sinta vergonha ou culpa por estar de luto. Pelo contrário, permita-se a viver essa dor, não esconda o que está a sentir.

- Faça por ter momentos onde possa estar sozinho e por ter momentos onde possa conversar sobre o que está a acontecer e a sentir. Rodeie-se de pessoas que o acolham profundamente, sem julgamento.
- Tenha paciência consigo, a dor do luto não desaparece após semanas ou meses. Respeite o seu ritmo.
- Crie rituais de despedida e de luto. Entre em contacto com algum serviço fúnebre que trate da digna homenagem que entender ou faça algo mais simples, conforme lhe fizer sentido.
- Procure acompanhamento especializado no luto, se sentir que não está a conseguir enfrentar tudo sozinho.

Frases e expressões de acolhimento a usar com pessoas em luto por perda de animal de companhia:

– *Sinto muito que estejas a passar por isto, ele/a (nome do animal de companhia) era muito especial.*

– *Para mim é difícil entender o que estás a passar, como te posso ajudar?*

– *Nestas situações podemos sentir-nos muito perdidos, quero dizer-te que se quiseres falar sobre isso ou outra coisa qualquer, eu estou aqui.*

– *Gostava de estar um bocadinho contigo. Podemos ficar em silêncio ou conversar, como te apetecer.*

– *Precisas de estar sozinha ou queres que te faça companhia?*

– *É legítimo que estejas triste.*

– *Perder alguém tão especial como (nome do animal de companhia) deve ser muito doloroso, é natural que estejas arrasada.*

Frases, expressões e gestos que NÃO ajudam pessoas em luto por perda de animal de companhia.

– *Era só um cão, gato...*

– *Pelo teu pai não ficaste tu assim.*

– *Até parece que morreu alguém.*

– *Isso é motivo para estares assim?*

– *Já sabias que ia morrer, não é caso para tanto.*

– *É por isso que não devemos ter animais, só nos dão desgostos.*

– *Se ainda fosse uma pessoa...*

MITOS

Para cada tipo de luto, subsistem ainda alguns mitos errados, que é importante desmistificar.

1. Mitos no Luto por perda de filho:

Ter outro filho faz com que a dor do luto acabe.

"*O melhor é engravidares rapidamente.*"

A dor da perda de um filho não é anulada pelo nascimento de outro filho. Cada um deles é diferente e sempre será. Evite tomar decisões vitais como esta se o seu processo de luto não está integrado.

O pai sofre menos do que a mãe após a perda de um filho.

"A mãe sofre mais do que o pai."

Assim como a mãe cria fortes vínculos, o pai também. Quer seja durante a gestação, depois do nascimento, ou mesmo antes, planeando a paternidade ou sonhando com o seu papel de pai.

Embora existam expectativas sociais ligadas à masculinidade que tendem a limitar a expressão emocional do homem/pai que reforçam este mito, a verdade é que tanto o pai como a mãe sofrem.

Pais enlutados não devem chorar à frente dos filhos sobreviventes.

"Não chores à frente do teu filho."; "Tenho de ser forte pelos meus filhos vivos."

Viver o luto em família, atendendo às necessidades individuais de cada um dos elementos, é adequado e saudável.

2. Mitos no Luto de crianças:

As crianças têm sorte porque não fazem luto

"São pequenos, não vão sentir, nem reparar em nada."; "As crianças não fazem tanto luto."

As crianças fazem luto e podem manifestar diferentes sentimentos como tristeza, medo, culpa, raiva, ansiedade, isolamento, entre outros, expressando-os de forma diferente do adulto, mas com a mesma intensidade.

As crianças podem notar alguma coisa, mas nunca com a intensidade dos adultos.

"Para as crianças é mais fácil."; "Não fazem luto como os adultos."; "Resolvem o luto de forma rápida."; "Ainda bem que não entendem, assim mantêm a sua inocência."

As crianças são vulneráveis ao luto, a sua manifestação tende a ser diferente dos adultos. Nos momentos iniciais, podem não manifestar de forma tão óbvia e expressiva, por exemplo. É comum sentirem medo de estar sozinhas ou de ser abandonadas, preocupação com os adultos, receio de expressar os seus sentimentos ou acreditarem que não têm essa autorização.

As crianças não percebem o que é a morte.

"Não é preciso falar da morte por ela não compreender."; "Falar da morte faz mal à criança."

As características de desenvolvimento pessoal da criança estão diretamente relacionadas com a compreensão do conceito de morte, como experiência de aprendizagem que pode evoluir e mudar ao longo do tempo.

Não se deve chorar a morte de alguém à frente das crianças.

"Sou forte à frente do meu filho e não choro, nem falo com ele sobre o que aconteceu, era carregar mais na ferida."; "Dizem que não se deve."; "Se for por outro motivo, pode-se chorar à vontade, por luto não."

As crianças não devem ser totalmente protegidas contra a morte. Diariamente e de diferentes formas contactam com a morte, seja através dos meios de comunicação, dos jogos, das histórias que ouvem, dos filmes e desenhos animados, na natureza quando encontram uma formiga ou uma flor morta, mas, também, quando morre um vizinho, um familiar de um colega da escola, um amigo da família, um animal de companhia. Não falar sobre a morte, sabendo que as crianças são expostas à mesma de forma natural todos os dias, favorece sentimentos de exclusão e isolamento. A ausência de respostas vindas das pessoas significativas pode aumentar a confusão e o ressentimento, assim como tentar preencher a informação que falta com a sua imaginação ou recorrendo a informação desadequada na internet, por exemplo.

As crianças não devem ir a funerais, podem ficar traumatizadas.

"Não percebem o que lá se vai fazer."; "Se forem, deve ser por poucos minutos."; "Não convém que vejam a pessoa morta nem o enterramento."; "Os adultos é que decidem."

As crianças beneficiam de forma significativa quando são convidadas a ajudar, a planear e a participar em rituais de luto, incluindo fúnebres. Permite-lhes e favorece a oportunidade de formular perguntas e aprenderem com as manifestações dos adultos. É uma forma de receberem apoio das outras pessoas, o que pode ajudar a vencer sentimentos de isolamento.

Podem surgir dificuldades quer ao forçar a participação, quer excluindo-as quando desejam ser incluídas. É uma oportunidade para conhecer outras características do ente querido que morreu, através das recordações partilhadas pelas outras pessoas.

Este tipo de mito e prática faz com que se sintam excluídas pela família num momento de vulnerabilidade, perdendo a oportunidade de se despedirem do ente querido, de partilhar recordações e a sua dor com as pessoas que conheciam o seu ente querido. Pode dificultar a aceitação da realidade da perda.

3. Mitos no Luto em idade avançada:

Os idosos não fazem luto.

"Depois de tantas perdas, é impossível fazer mais lutos."

O luto não escolhe idade. Fazemos luto sempre que há uma perda significativa e isso não tem que ver com o facto de termos pouca ou muita idade.

Depois de perder tantas pessoas, não custa nada.

"Os idosos estão habituados a perder, para eles é mais fácil."

Todos os lutos são dolorosos, independentemente da idade ou do historial de perdas.

4. Mitos no Luto por término de relação amorosa

A pessoa enlutada não deve usar a aliança depois da perda.

"Ainda andas com a aliança?"; "Se usas a aliança é porque estás em negação."; "Essa aliança não o/a deixa partir em paz."

Não há um tempo certo para tirar a aliança. Assim como não a pusemos no nosso dedo de um dia para o outro, também retirá-la deve ser ao nosso ritmo.

Um novo relacionamento é para substituir a pessoa perdida.

"Aquilo que queres é tapar um buraco, mas ninguém é igual."

Perante um progresso positivo de luto, em algum momento, pode ser favorável estabelecer ou retomar relações com um propósito amoroso.

5. Mitos no Luto por suicídio

As razões do suicídio são conhecidas.

"Eu sei porque fez aquilo."

As motivações por trás de um suicídio são complexas e muitas vezes inexplicáveis. As falsas conclusões sobre o suicídio de um ente querido, apenas aumentam os sentimentos de culpa.

Era possível prevenir o desfecho.

"Se não tivessem feito x, ele(a) estaria vivo(a)."

Pensar que alguém podia ter prevenido o suicídio, é supor que todos nós temos muito mais poder sobre a vida dos outros, do que realmente temos. Além disso, muitas vítimas de suicídio persistem e tem êxito em terminar com as vidas, apesar de terem sido resgatadas anteriormente.

A culpa é da/o esposa/o, dos seus pais, do médico.

"Eu sei bem de quem é a culpa."

Culpar os outros é uma forma de negação da realidade. Somente enfrentando a verdade da perda e a responsabilidade que corresponde à vítima, é que poderemos recuperar da dor.

Luto Integrado

"Não é a morte, mas o conhecimento da morte que cria problemas para os seres humanos".

Elias (2001, p. 11)

DEPOIS DE TOCAR NO FUNDO DA SUA DOR, a pessoa enlutada pode experimentar um profundo crescimento. O processo de luto abre a possibilidade de amadurecimento e permite que se volte a viver de forma saudável num mundo onde já não está o ente querido.

Não significa que a dor e o sofrimento tenham desaparecido, mas que a pessoa cresceu à volta da dor. Como mostra a imagem seguinte, no início do processo de luto, a dor ocupava totalmente a pessoa, não havia espaço para mais, nem para ninguém, naturalmente. Quando o luto está integrado, a dor continua a ter o mesmo tamanho, mas a pessoa cresceu em seu redor, tornando-se mais resiliente e capaz de lidar com ela. A dor do luto faz parte da pessoa, mas não é a pessoa. A pessoa é o somatório de muitos lutos, assim como de muitas outras experiências. É através de um percurso de muito sofrimento e da sua elaboração que se pode crescer e sair mais fortalecido psíquica e espiritualmente.

COMO SABER SE O LUTO ESTÁ INTEGRADO

Segundo o meu estimado Professor António Barbosa (2016), podemos considerar que o luto está integrado quando se verifica:

- Irreversibilidade assumida: aceitação clara, direta e esperança de que o que se perdeu não pode voltar – "princípio do fim"-, nem exercer influência na nossa vida, exceto através da nossa recordação afetuosa.
- Alusividade sintónica: capacidade de falar com qualquer pessoa, com uma emoção sintónica, sobre todos os aspetos relacionados com a perda e o ente querido que morreu.

- Recordação valorativa: o ente querido que morreu não é esquecido, pode pensar-se nele sem dor intensa e sem desprazer acentuado e há uma predominância das boas recordações – "fica qualquer coisa de bom".
- Conexão tranquila: a dor é substituída pela saudade – "sentimento agridoce" – do que se perdeu.
- Legado incorporado: a recordação do que o ente querido que morreu humanamente "deu, ajudou, proporcionou, enriqueceu, legou" pode ser incorporado pacificamente na vida atual.
- Existencial fluida: os sentimentos e os afetos são mais determinados pelos acontecimentos relacionais e mentais da existência atual do que pela perda.
- Ressonância significativa: a capacidade de voltar a interessar-se e a dedicar emoções à vida e aos vivos, com alegria e prazer, sem sentir culpa, repondo os laços com o mundo interno, externo e o cosmos como novos significados.

Desta forma, considera-se que o luto de uma pessoa está integrado quando ela é capaz de:

- Integrar a representação do ente querido que morreu e suportar melhor a dor da separação;
- Falar do ente querido que morreu ou da perda sem ficar invadida pela dor;
- Posicionar as lembranças nos sentimentos positivos e experiências positivas vividas;
- Maior abertura interpessoal e existencial;
- Maior consciência de si própria e da vulnerabilidade pessoal;
- Iniciar novas atividades e/ou regressar a atividades ou situações que tinham sido suspensas, sem sentimentos de culpa.

Nem sempre o processo de luto decorre progressiva e harmoniosamente nesta direção. Há situações em que o processo de luto se complica, tornando-se necessária a intervenção de profissionais especializados no luto. Se, ao ler estes pontos, compreende que é o seu caso ou o caso de alguém que conheça, considere procurar um profissional habilitado.

COMO SABER SE PRECISA DE INTERVENÇÃO PROFISSIONAL

Há sinais claros de que pode estar a precisar de acompanhamento profissional especializado,que o(a) ajude a viver o seu luto de forma mais saudável:

- Se mantém incapacidade de falar do falecido sem sofrimento intenso;
- Se um acontecimento pouco significativo desencadeia reações intensas;
- Se manifesta incapacidade de deslocar os pertences do falecido;
- Se não consegue deixar de pensar no que aconteceu;
- Se se sente tenso e assustado a maior parte do tempo;
- Se não consegue obter prazer de forma alguma;
- Se tem disfunção nas relações interpessoais e/ou implicações laborais;
- Se experiencia alterações do padrão de sono ou do peso prolongadas/mantidas e com repercussões no dia a dia;
- Se tiver pensamentos sobre querer desaparecer ou pensar em morte.

AGRADECIMENTOS

"O luto é algo que nós mesmos fazemos,
e não algo que nos fizeram."

Joana Presa, 2017

TER A QUEM AGRADECER traz-me conforto, recordações e revigora-me diariamente. Sinto que trabalhar na área do luto todos os dias é estar constantemente em aprendizagem e crescimento pessoal. A escolher o que mais me toca nessa experiência de conhecimento constante, escolho o quão passou a ser importante para mim reconhecer o que os outros são na minha vida e agradecer-lhes. Procuro fazê-lo sempre e aqui.

Reconheço e agradeço aos meus pais, Porfírio e Lurdes, fontes de coragem, ensinamento e paciência. Deles trago comigo a força empreendedora e de trabalho, o gosto pelo conhecimento, a ajuda ao próximo e o respeito pelo outro. Para mim, serão sempre aplaudidos de pé.

Reconheço e agradeço à minha irmã Sara pela amizade, pela companhia, por estar sempre disposta a trocar ideias e por acreditar continuamente nos meus projetos, mesmo quando não fazem sentido a mais ninguém.

Reconheço e agradeço à minha gata Cici pelo amor incondicional, pela companhia de todas as horas, pela paz e serenidade.

Reconheço e agradeço à minha família e aos meus amigos por todo o apoio que me transmitem, facilitando que a minha visão sobre os laços e o mundo seja mais justa e amorosa.

Reconheço e agradeço à Ego Editora pelo convite para escrever este livro, pelo incentivo, encorajamento e paciência neste processo. Serei eternamente grata por me ajudarem a tornar este sonho uma realidade e, por sem saberem, sugerirem a cor dos olhos do meu irmão para a capa deste livro, assim como a imagem de uma pena que tanto simboliza para mim.

Reconheço e agradeço aos meus pacientes e aos meus alunos que foram a inspiração maior para todas as letras que neste livro partilho. Muito obrigada por confiarem no meu trabalho e por fazerem parte dele. Nada disto existia se não vos tivesse comigo.

E, por último, mas podia ser primeiro, quero reconhecer e agradecer a si que está a ler este livro e a dedicar-se para viver melhorar a dor da sua perda ou pretende ajudar outras pessoas a enfrentar os seus lutos. Desejo que o sinta como algo que é nosso. Mais do que meu, quero muito que este livro seja nosso.

Muito obrigada a todos.

Márcia Amorim

Bibliografia

"Ninguém absorve de uma só vez a realidade de um evento tão importante como o luto."

Parkes, 1998

ARANTES, A. (2019), *A morte é um dia que vale a pena viver. Cuidar de alguém é a maior vitória perante a doença e é um excelente motivo para procurar um novo olhar para a vida*, Oficina do Livro, Alfragide

ARIES, P. (1977), *L' Homme devant la mort*, Editions du seuil

BARBOSA, A. (2013), *Olhares sobre o luto*, pp.1-16, Núcleo Académico de Estudos e Intervenção sobre o Luto, Centro de Bioética, Faculdade de Medicina de Lisboa

BARBOSA A., NETO G. (2016), *Fazer o luto*, Lisboa: Núcleo de Cuidados Paliativos/Centro de Bioética/Faculdade de Medicina de Lisboa

BARTHES, R (2011), *Diário de Luto*, tradução de Leyla Perrone-Moisés, São Paulo: WMF Martins Fontes

BOWLBY J. (990 [1969]), *Apego e perda, Vol1. Apego: a natureza do vínculo*, São Paulo: Martins Fontes,

CARPINEJAR, Fabrício (2021), *Depois é nunca*, Rio de Janeiro, Bertrand Brasil

CASELLATO, G. (Org.).(2015), O *Resgate da Empatia. Suporte Psicológico ao Luto Não Reconhecido*. São Paulo: Summus

ELIAS, N. (2001). *A solidão dos moribundos, seguido de Envelhecer e morrer.* Trad. P. Dentzien. Rio de Janeiro: Jorge Zahar,

FREY, William H., (1985), *Crying: The Mystery of Tears*

GABRIEL S, PAULINO M, BAPTISTA T. (2021), *Luto – Manual de Intervenção Psicológica*, Pactor, Lisboa

LUZ, R. (2021), *Luto é Outra Palavra Para Falar de Amor*, Editora Ágora

MONTERO R (1951), *A ridícula ideia de nunca mais te ver*, tradução Mariana Sanchez, Todavia, São Paulo

OLIVEIRA, J. H. B. (1998), *Viver a Morte, Abordagem atropológica e psicológica*, Livraria Almedina, Coimbra

PARKES, C. M. (2009), *Amor e perda: as raízes do luto e suas complicações*, S. P.: Summus

PAYÁS A, (2010) *Las tareas del duelo, Psicoterapia de duelo desde un modelo integrativo-relacional*, Barcelona, Paidós

PAYÀS, A. (2023), *A mensagem das lágrimas – Guia para lidar com o luto*, Pactor, Lisboa

REBELO, J. E. (2004), *Destacar o nó do luto*, Alfragide, Casa das Letras

SILVA J. (2012), *A morte e o morrer entre o desligar e o lugar – Precedência da antropologia para uma ética da hospitalidade e cuidados paliativos.*, Centro Hospitalar de São João, Edições Afrontamento

STROEBE W., & SCHUT, H. (1999). *The dual model of coping with bereavement: Rationale and description.* Death Studies, 23, 197-224

www.ingramcontent.com/pod-product-compliance
Lightning Source LLC
LaVergne TN
LVHW010543160826
845677LV00013B/2975